PEDAGOGIA E PEDAGOGOS, PARA QUÊ?

Dados Internacionais de Catalogação na Publicação (CIP)
(Câmara Brasileira do Livro, SP, Brasil)

Libâneo, José Carlos
Pedagogia e pedagogos, para quê? / José Carlos Libâneo.
– 12. ed. – São Paulo, Cortez, 2010.

Bibliografia
ISBN 978-85-249-0697-8

1. Educação 2. Pedagogia 3. Pedagogia como profissão
I. Título.

98-4189 CDD-370

Índices para catálogo sistemático:

1. Pedagogia 370

José Carlos Libâneo

PEDAGOGIA E PEDAGOGOS, PARA QUÊ?

12ª edição
2ª reimpressão

CORTEZ EDITORA

PEDAGOGIA E PEDAGOGOS, PARA QUÊ?
José Carlos Libâneo

Capa: Adriano Leonardi Libâneo sobre tela de Bruegel, *O burro na escola* (1556)
Preparação de originais: Agnaldo A. Oliveira
Revisão: Maria de Lourdes de Almeida
Tradução: Maria Aparecida Baptista
Composição: Dany Editora Ltda.
Coordenação editorial: Danilo A. Q. Morales

Direitos para esta edição
CORTEZ EDITORA
Rua Monte Alegre, 1074 – Perdizes
05014-001 – São Paulo – SP
Tel.: (11) 3864-0111 Fax: (11) 3864-4290
E-mail: cortez@cortezeditora.com.br
www.cortezeditora.com.br

Impresso no Brasil — maio de 2012

Para Lana,
Daniela e Adriano,
André, Diogo e Lucas,
com quem, no cotidiano das dádivas e percalços do amor, aprendo ritmos, diferenças, gostos, saberes, estilos de pensar, de sentir, de agir. O tempo e o modo.

Então, educamos e somos educados. Ao compartilharmos, no dia-a-dia do ensinar e do aprender, idéias, percepções, sentimentos, gestos, atitudes e modos de ação, sempre ressignificados e reelaborados em cada um, vamos internalizando conhecimentos, habilidades, experiências, valores, rumo a um agir crítico-reflexivo, autônomo, criativo e eficaz, solidário. Tudo em nome do direito à vida e à dignidade de todo o ser humano, do reconhecimento das subjetividades, das identidades culturais, da riqueza de uma vida em comum, da justiça e da igualdade social. Talvez possa ser esse um dos modos de fazer pedagogia.

SUMÁRIO

Apresentação à 2ª edição 9

Prefácio 17

Apresentação 21

Capítulo I

O CAMPO DO CONHECIMENTO PEDAGÓGICO E A IDENTIDADE PROFISSIONAL DO PEDAGOGO 25
Um conceito ampliado de educação e de Pedagogia 26
Pedagogia como teoria e prática da educação 29
A Pedagogia e as ciências da educação 37
A formação de pedagogos 38

Capítulo II

QUE DESTINO OS EDUCADORES DARÃO À PEDAGOGIA? 43
Breve referência histórica 45
A especificidade do conhecimento pedagógico 51
Áreas de atuação profissional do pedagogo 58
Por que o pedagogo especialista ou pedagogo escolar 60
Quem é contra a Pedagogia? 63

Capítulo III

OS SIGNIFICADOS DA EDUCAÇÃO, MODALIDADES DE PRÁTICA EDUCATIVA E A ORGANIZAÇÃO DO SISTEMA EDUCACIONAL 69
O conceito de educação 71
Algumas definições clássicas de educação 74
Outros sentidos da educação: instituição, processo, produto 83

As modalidades de educação: informal, não-formal, formal 86
Setorização dos serviços educacionais ... 92
Educação, objeto de estudo da Pedagogia ... 95

Capítulo IV

EDUCAÇÃO: PEDAGOGIA E DIDÁTICA — O CAMPO INVESTIGATIVO DA PEDAGOGIA E DA DIDÁTICA NO BRASIL: ESBOÇO HISTÓRICO E BUSCAS DE IDENTIDADE EPISTEMOLÓGICA E PROFISSIONAL ... 105
A problemática da identidade do campo do conhecimento pedagógico ... 106
O desenvolvimento da ciência pedagógica no Brasil e o quadro atual ... 113
Em busca da identidade científica da Pedagogia. Pedagogia e didática ... 135

Capítulo V

PEDAGOGIA E MODERNIDADE: PRESENTE E FUTURO DA ESCOLA ... 159
Vicissitudes e impasses atuais da Pedagogia ... 161
A Pedagogia no embate entre modernidade e pós-modernidade ... 173
A escola diante das realidades contemporâneas ... 194

APRESENTAÇÃO À 2ª EDIÇÃO

É sempre gratificante a um autor saber que seu trabalho foi bem recebido pelos seus leitores. No caso deste livro, comprova que muitos educadores sentiram-se provocados pelos temas tratados. O momento atual explica, em parte, esse interesse. Em 1997, a Secretaria de Educação Superior do MEC convocou as IES a apresentar propostas de novas diretrizes curriculares dos cursos superiores, a serem, em seguida, elaboradas por comissões de especialistas. Nessas propostas foram também incluídas as licenciaturas. Também o curso de Pedagogia teve sua comissão de especialistas, cuja proposta foi divulgada em maio passado. Presentemente, há um Grupo de Trabalho designado pela SESu, incumbido de elaborar documento norteador das diretrizes curriculares para as licenciaturas, a ser posto em discussão na comunidade de profissionais da educação.

Continua, pois, em evidência o tema da formação de professores e pedagogos, assim como o curso de Pedagogia. Os leitores — pedagogos, professores, gestores de sistemas, pesquisadores — sabem que tem sido difícil obter consenso sobre questões cruciais: o que deve ser um curso de Pedagogia, o que define um trabalho como "pedagógico", em que consiste a formação pedagógica e o exercício profissional do pedagogo, se há lugar para especializações ou habilitações, qual a diferença entre pedagogo e professor, pedagogo e educador etc. Várias entidades de educadores, faculdades de educação, cursos de licenciatura, em congressos e encontros, têm produzido documentos sobre essas questões sem que se tenha chegado até hoje a diretrizes norteadoras mais explícitas quanto ao perfil profissional e à estrutura organizacional e curricular dos cursos de formação de professores e pedagogos.

Esses temas são contemplados nos vários capítulos do livro. Quero, apenas, retomar alguns pontos referentes ao curso de Pedagogia, aquele que tenho chamado de pedagogia *stricto sensu*, o ponto mais vulnerável das discussões. É do conhecimento dos educadores e pesquisadores que a ANFOPE lidera, há quase 20 anos, o movimento de reformulação dos cursos de formação dos profissionais da educação. Trata-se de uma entidade de bastante tradição, que formou um lastro considerável de lutas pelos seus objetivos, e que defende um curso de Pedagogia baseado na formação de professores para as séries iniciais do ensino fundamental. Há temas de grande relevância na pauta de discussões da ANFOPE, como a exigência de formação em nível superior dos professores da 1ª à 4ª séries, a valorização profissional do professor, a postulação da base comum nacional, a gestão democrática na escola. Mas há educadores que não se sentem à vontade para aderir *in totum* às teses da ANFOPE, especialmente quanto à identificação do curso de Pedagogia com uma licenciatura, o que decorre de sua tese maior, a docência como base da formação pedagógica.

Penso não estar sozinho ao afirmar que as modificações curriculares influenciadas pelas propostas do movimento de reformulação dos cursos de formação dos profissionais da educação acabaram por comprometer características positivas do curso de Pedagogia regido pela Resolução CFE nº 252/69. A sobrecarga no currículo de disciplinas ligadas à formação de professores das séries iniciais do antigo 1º grau levou à diminuição do peso das disciplinas teóricas (fundamentos da educação, currículo, avaliação, teorias da educação) e, especificamente, das disciplinas que identificavam mais o exercício profissional do pedagogo incluídas nas habilitações (goste-se ou não, as habilitações asseguravam, de fato, conteúdos e práticas concernentes ao desempenho de funções de pedagogo, como os princípios e métodos da administração escolar, fundamentos da supervisão e orientação educacional, planejamento educacional, didática, medidas educacionais, práticas de gestão, métodos e técnicas de pesquisa etc.). Muitos pedagogos se perguntam hoje: Onde estão os especialistas de planejamento da educação, administração de sistemas, avaliação educacional e avaliação da aprendizagem, pesquisa pedagógica específica etc.? Os atuais cursos estão formando profissionais competentes nessas áreas? Será possível formar esses especialistas no mesmo curso de formação de professores em 3.200 horas, como quer a ANFOPE? Não se trata de saudosismo nem de corporativismo. A questão-chave é que a identificação dos estudos sistemáticos de pedagogia com o curso de licenciatura para a formação de professores para as séries iniciais, a supressão em alguns lugares da formação de especialistas (ou do pedagogo não diretamente docente), a redução da formação do pedagogo à docência, o esvaziamento da teoria pedagógica, acabaram por descaracterizar o campo teórico-investigativo da Pedagogia e das demais ciências da educação, retirando da universidade os estudos sistemáticos do campo científico da educação e a possibilidade de formar o pedagogo para as pesquisas específicas na área e exercício profissional. Esse é o núcleo da minha contestação.

Tenho, pois, discordâncias bastante pontuais em relação às teses defendidas atualmente pela ANFOPE e julgo-me no direito de explicitá-las, como venho fazendo há quase 10 anos. Minhas causas, como sei que são as dos associados da ANFOPE, são de natureza pública: a educação para todos, a melhoria da formação do professorado, a melhoria da gestão e supervisão das escolas e da organização do trabalho pedagógico. Mas democracia pressupõe posições diferentes, o debate de idéias. Democracia nunca foi sinônimo de concordância; ninguém é menos democrata por discordar de pontos de vista de organizações ou entidades.

Meu ponto de vista é de que a tese da identificação do curso de Pedagogia com a formação de professores, ou seja, uma licenciatura, foi gestada em razão de circunstâncias históricas peculiares da história da educação deste país. Foi isto que pretendi mostrar no capítulo IV do meu livro. Os legisladores, em todos esses anos desde 1939, tentaram equacionar a formação do pedagogo *stricto sensu* e a formação de professores num curso só, mas foram reincidentes as tentativas de reduzi-lo à formação de professores. Desse modo, a tese de que a formação de todo educador deve ter por base a docência precisa ser entendida dentro de posicionamentos localizados de intelectuais, em momentos históricos específicos da educação brasileira. Tudo o que é histórico é mutável. Conquistas históricas, por mais aguerridas que tenham sido, não podem ser cristalizadas. A redução do trabalho pedagógico à docência não pode, portanto, constituir-se em algo imutável. Nem mesmo chega a ser uma questão de cunho epistemológico ou conceitual. As novas realidades estão exigindo um entendimento ampliado das práticas educativas e, por conseqüência, da pedagogia. Além disso, no mundo inteiro existem cursos específicos de Pedagogia (em alguns lugares denominados "ciências da educação") distintos dos cursos de formação de professores.

O desdobramento mais recente das vicissitudes do curso de Pedagogia pode ser explicado a partir de fatos notórios: o Brasil viveu 21 anos de ditadura militar, cujo impacto político e social afetou vários campos, mormente o da educação. A contestação do regime se fazia necessária, e contra ele mobilizaram-se muitos militantes políticos, profissionais, intelectuais, organizações de esquerda. A grande luta nesses anos precisou ser muito mais política do que técnica, em função de desenvolver consciência política das pessoas, de criar espaços democráticos, de incentivar a prática das assembléias, reuniões, movimentos, desenvolver formas participativas de gestão. Ora, quem ocupava mais esses espaços eram predominantemente os sociólogos, filósofos e militantes políticos. É claro que também os pedagogos se engajaram na resistência à ditadura militar e precisavam fazê-lo. No entanto, muitos deles deixaram de lado seu trabalho específico — ligado à internalidade das práticas escolares e dos processos do ensino e aprendizagem — incorporando o discurso sociológico, mas distanciando-se da problemática teórico-prática de sua área. Não que os pedagogos não devessem ter um ideário político e se alinhar aos demais intelectuais na luta política maior. O problema foi o de muitos deles não terem compreendido que a própria ação pedagógica dentro das escolas e das salas de aula era também uma prática política, sem prejuízo da sua inserção nas lutas políticas mais amplas.

A meu ver, a abordagem sociologizada da formação do educador, assumida pelo movimento pela formação de educadores, gerou uma visão "militante" do profissional da educação. De acordo com essa abordagem, bastaria ao professor ter uma visão política, globalizante, das relações educação-sociedade, compromisso político etc. e o resto viria por acréscimo. É verdade que esta ênfase no compromisso político correspondia às características daquele momento histórico, mas é necessário reconhecer que esse empenho na construção de um projeto nacional democrático precisava ter correspondência com práticas pedagógico-didáticas, curriculares, no interior do processo de ensino e aprendizagem, nas práticas de ensino. Foi um grande equívoco dissolver o específico da prática educativa nas salas de aula (a aprendizagem, o crescimento cognitivo dos alunos etc.) na prática política. Faltou entender que também um trabalho bem-feito com as crianças no interior das salas de aula também era ato político, e dos mais nobres. O discurso especificamente pedagógico foi, assim, afastado das discussões e em alguns casos chegou a ser rechaçado, em decorrência de todo um preconceito que sempre se alimentou contra a Pedagogia como campo de conhecimento e contra os pedagogos de profissão. Na prática, essa tendência resultou, em vários lugares, na negação explícita do campo próprio de estudos da Pedagogia (e, por decorrência, da Didática). É em boa parte por isso que a licenciatura para a formação de professores de 1ª a 4ª passou a ser chamada inadequadamente de pedagogia.

A justificativa dessa caracterização da Pedagogia, defendida pelo movimento de reformulação dos cursos de formação dos profissionais da educação, hoje ANFOPE, é o conhecido lema: a docência é a base da identidade profissional do educador. Penso que essa afirmação incorre num equívoco lógico-conceitual. A pedagogia é uma reflexão teórica a partir e sobre as práticas educativas. Ela investiga os objetivos sociopolíticos e os meios organizativos e metodológicos de viabilizar os processos formativos em contextos socioculturais específicos. Todo educador sabe, hoje, que as práticas educativas ocorrem em muitos lugares, em muitas instâncias formais, não-formais, informais. Elas acontecem nas famílias, nos locais de trabalho, na cidade e na rua, nos meios de comunicação e, também, nas escolas. Não é possível mais afirmar que o trabalho pedagógico se reduz ao trabalho docente nas escolas. A ação pedagógica não se resume a ações docentes, de modo que, se todo trabalho docente é trabalho pedagógico, nem todo trabalho pedagógico é trabalho docente. Uma mãe é uma pedagoga, mas não é docente. O MST faz um trabalho pedagógico, mas não necessariamente um trabalho docente, a não ser quando reúnem suas crianças nas salas de aula ou os militantes para, por exemplo, estudar o aprimoramento de práticas agrícolas. O pedagógico e o docente são termos inter-relacionados, mas conceitualmente distintos. Portanto, reduzir a ação pedagógica à docência é produzir um reducionismo conceitual, um estreitamento do conceito de pedagogia. A não ser que os defensores da identificação pedagogia-docência entendam o termo pedagogia como metodologia, como procedimento de ensino, como a prática do ensino, que é um entendimento mais vulgarizado de pedagogia. Mas pensar assim significa desconhecer os conceitos mais elementares da teoria educacional.

É claro que esse reducionismo, descaracterizando a Pedagogia como campo teórico-investigativo e identificando-a com uma licenciatura, teve conseqüências na discussão sobre o papel das faculdades de educação. Muitos não aceitam essa ligação, mas creio que minha argumentação ajuda a entender a questão. Uma vez dispensadas as habilitações (como já escrevi, em boa parte as habilitações caracterizavam o específico da pedagogia) e reduzindo-se o papel das faculdades de educação a proporcionar licenciatura para formar professores para as séries iniciais e para o curso normal, não se teria mais o curso de Pedagogia (*stricto sensu*). Ou seja, não haveria mais sentido a existência das faculdades de educação, bastando transformá-las em centros de formação de professores. (Não estaria aí a origem da denominação "Institutos Superiores de Educação"?).

Outras questões e outras discussões, o leitor as encontrará lendo o livro. Ainda há tempo de elas serem consideradas na organização dos estudos necessários à formação dos profissionais da educação. Reitero minha posição de que as faculdades de educação (ou faculdades de pedagogia?) tenham o curso de Pedagogia (*stricto sensu*) e os cursos de licenciatura para a formação de professores da educação infantil ao ensino médio. Acho, também, indispensável que a formação de professores e pedagogos seja pensada dentro de um sistema nacional de formação de profissionais da educação, a partir do que dispõe o Título VI da Lei nº 9394/96.

Alimento, finalmente, a esperança de que os estudos apresentados neste livro possam servir de suporte a disciplinas que trariam muito proveito à formação profissional dos futuros educadores: Introdução às teorias da educação, Introdução à pedagogia, Teoria da educação.

Goiânia, julho de 1999

PREFÁCIO

Dizer que a publicação deste livro é oportuna é pouco. Ao reunir os textos, fruto de suas pesquisas na última década, seu autor responde a necessidades que estão postas.

Em primeiro lugar, por um contingente maciço de egressos dos cursos de Pedagogia que, curiosamente, não estudaram Pedagogia (sua teoria e sua prática). Exagero? Não. Os cursos de Pedagogia, de modo geral, oferecem a seus alunos estudos disciplinares das ciências da educação (psicologia, filosofia, história, sociologia e outras) que, na maioria das vezes, ao partirem dos campos disciplinares das ciências-mãe para falar sobre a educação, o fazem de maneira meramente disciplinar, sem dar conta da especificidade do fenômeno educativo e, tampouco, sem tomá-lo nas suas realidades histórico-sociais e na sua multiplicidade — o que apontaria para uma perspectiva curricular interdisciplinar.

O que dizer então do profissional pedagogo? Se professor (professor de quê?), passa a ter seu curso dominado por outros estudos disciplinares (os das metodologias e práticas de ensino), que o colocam em situação precária de formação perante os especialistas das áreas.

Acrescente-se que, de modo geral, esses estudos, ao irem direto para a sala de aula, espaço fundamental da docência, ignoram os determinantes institucionais e sociais do ensinar, ao não procederem à articulação, na formação desses professores, dos saberes da docência — os pedagógicos, os de experiência, os das áreas específicas. A atividade docente, como sabemos, não se reduz a um deles. Essa redução, em certa medida, é responsável pelos resultados de fracasso escolar.

Enquanto isso, a Pedagogia, ciência que tem a prática social da educação como objeto de investigação e de exercício profissional — no qual se inclui a docência, embora nele se incluam outras atividades de educar —, não tem sido tematizada no curso de formação do pedagogo.

Em segundo lugar, este livro é necessário, porque sistematiza a recente, e parca, produção no campo da Pedagogia. Em finais dos anos 70, questionava-se a identidade do curso e do profissional pedagogo. Três teses sobre os especialistas de educação, produzidas na Pontifícia Universidade Católica de São Paulo, deram suporte (e respostas) a esse questionamento: *Uma proposta de atuação do orientador educacional na escola pública*, PIMENTA, Selma G. 1985, posteriormente publicada com o título de *O pedagogo na escola pública*, São Paulo, Loyola, 1988; SILVA, Jr. Celestino A. *Supervisão da educação — do autoritarismo ingênuo à vontade coletiva*, São Paulo, Loyola, 1985; e PARO, Vitor. *Administração escolar*, São Paulo, Cortez, 1988. Essas obras deram (e ainda dão) suporte à atuação profissional dos pedagogos, ao re-colocarem a prática da coordenação, da administração e da supervisão pedagógicas diante das novas demandas sociais, a partir da crítica à tradição desses campos.

Por outro lado, no decorrer dos anos 80, a Associação Nacional pela Formação dos Profissionais da Educação (ANFOPE) encetou o movimento para a re-definição do pedagogo, num primeiro momento, identificando a docência como a base de sua identidade (o que está registrado e problematizado na tese da profa. Iria Brzezinski, *Pedagogia, pedagogos e formação de professores*. Campinas, Papirus, 1996). Essa identificação deu margem, durante muitos anos, a que se considerasse o campo profissional do pedagogo reduzido ao de professor. Recentemente, em pronunciamento na 20ª Reunião Anual da ANPEd, 1997, a ANFOPE explicitou seu entendimento de que há um campo de atuação do pedagogo que ultrapassa a docência. Posição a que chega a partir da análise das várias experiências de reformulação curricular encetadas nos últimos anos, e no atual contexto da aprovação da LDBEN/97.

Em meados dos anos 90, a Pedagogia é colocada em pauta de discussão num contexto nacional e internacional, o que está expresso no livro por nós organizado, *Pedagogia ciência da educação?* São Paulo, Cortez, 1996. Contendo artigos de Pimenta, Nóvoa, Libâneo e Mazzotti, esse livro problematiza as questões do campo de estudos da Pedagogia, apontando-a como uma das ciências que estuda a educação como uma prática (e um fenômeno) complexa e multirreferencial.

O livro do professor Libâneo, com os textos aqui reunidos, leva adiante essa recente produção na área da Pedagogia em nosso país e amplia-a com a problemática do campo profissional do pedagogo.

Certamente será uma obra de referência a ser estudada, debatida e ampliada pelos estudiosos e estudantes de Pedagogia, assim como pelos profissionais pedagogos inseridos nos múltiplos contextos da prática social da educação.

São Paulo, 18 de março de 1998.

Selma Garrido Pimenta

Profa. Titular da Faculdade de Educação — USP

APRESENTAÇÃO

Os textos reunidos neste livro foram escritos para sugerir respostas à pergunta do título: *Pedagogia e pedagogos: para quê?* Com exceção do primeiro capítulo, todos os demais já foram publicados em livros em co-autoria e um como artigo de revista. A reunião de textos esparsos em uma só obra é vantajosa tanto para o autor, que pode apresentar aos leitores uma visão mais ampliada do seu pensamento, como aos próprios leitores, que têm uma idéia mais completa da problemática investigada.

Desde 1990 venho desenvolvendo dois projetos de investigação paralelos e interligados: 1) Especificidade da ciência pedagógica, estruturação do conhecimento pedagógico e formação do pedagogo e 2) A formação profissional de pedagogos e professores diante das exigências do mundo contemporâneo. Ambos propõem investigar o campo de estudos teóricos e aplicados da Pedagogia, visando explicitar seu campo conceitual e seus métodos de investigação e indicar propostas curriculares de formação profissional, mediante pesquisa de fontes bibliográficas, basicamente livros, artigos, teses e dissertações, relatórios de pesquisa. Parte dessa investigação corresponde aos textos já publicados e agora reunidos aqui.

Por que retornar à discussão sobre a Pedagogia e os pedagogos? O assunto não teria se esgotado depois que os próprios pedagogos abriram mão de sua identidade profissional ao fecharem suas entidades representativas, como a Associação Nacional de Supervisores Educacionais e a Federação Nacional de Orientadores Educacionais? Ou quando algumas faculdades de educação, imaginando estar realizando uma façanha, decidiram transformar o curso de Pedagogia — isto é, de estudos pedagógicos — numa licenciatura para formar professores para o curso normal e para as séries iniciais do ensino fundamental? Penso que o assunto não só não se esgotou como está sendo revigorado. Se, de fato, há professores universitários, entre eles alguns pedagogos, que há anos vêm investindo contra a existência nas faculdades de educação dos estudos pedagógicos específicos, há, também, um numeroso grupo de pedagogos empenhados na busca da legitimidade de postular à Pedagogia um campo próprio de estudos — ainda que não exclusivo — e de um campo bem determinado e claro de exercício profissional.

As questões tratadas nos cinco capítulos seguintes referem-se, assim, à definição e à natureza da Pedagogia, à explicitação de seu objeto de estudo, às suas relações com as demais ciências humanas e sociais com as quais faz parceria, à comprovação dos vários campos de trabalho do pedagogo. Elas são reiteradas em todos os capítulos e, por isso mesmo, o autor pede paciência ao leitor quando encontrar argumentos que terão aparecido nos capítulos anteriores. Isso se deve ao fato de os textos terem sido escritos em diferentes momentos, com diferentes motivações e interlocutores. A seqüência dos textos está mais ou menos em ordem cronológica, de modo que será possível ao leitor acompanhar o aparecimento de novas temáticas, novas questões e, porque não, novos olhares, já que nos últimos anos muitas transformações vêm ocorrendo na sociedade, afetando o campo investigativo da Pedagogia. A prática educativa, o objeto da teoria pedagógica, modifica-se junto com os impulsos transformadores da sociedade. É por isso que o pedagogo polonês Suchodolski chamou a Pedagogia de *ciência sobre a atividade transformadora da realidade educativa.*

O capítulo I apresenta um panorama das proposições sobre o campo do conhecimento pedagógico e a formação profissional do pedagogo, antecipando a discussão de temas que serão tratados mais detalhadamente nos capítulos seguintes.

O capítulo II aborda o objeto de estudo da Pedagogia, a estrutura do conhecimento pedagógico e a identidade profissional do pedagogo, em confronto com parte das idéias defendidas no movimento de educadores pela formação profissional, hoje representado pela Anfope. O texto argumenta em favor da unidade entre a formação pedagógica específica e a formação de professores, mas propõe a distinção entre o curso de Pedagogia (para a formação do pedagogo especialista em estudos e atividades relacionados com a ciência pedagógica) e os cursos de licenciatura (para formação de professores para o ensino fundamental e médio), sem prejuízo de alternativas de formação em que uma modalidade de curso se acrescente à outra. Foi publicado anteriormente em PIMENTA, Selma G. (Coord.), *Pedagogia, Ciência da Educação?*, São Paulo, Cortez, 1996.

O capítulo III oferece uma contribuição para um entendimento mais amplo dos significados e extensões do termo educação, das modalidades de práticas educativas (informal, não-formal, formal) e sua integração e articulação no sistema educacional, tentando explicitar o conteúdo do educativo, objeto de estudo da teoria pedagógica. O texto original foi publicado em *Inter-Ação* (Revista da Faculdade de Educação da UFG), 17 (1-2):1-21, jan./dez. 1993.

O capítulo IV dedica-se à discussão da problemática epistemológica do campo do conhecimento pedagógico, incluindo uma parte histórica e outra de considerações teóricas, visando compreender a ciência pedagógica, seu objeto — a prática educativa em contextos sociais determinados — e a didática como disciplina pedagógica. O texto foi publicado anteriormente em PIMENTA, Selma G. (Org.). *Didática e formação de professores: percursos e perspectivas no Brasil e em Portugal*. São Paulo, Cortez, 1997.

O capítulo V propõe-se a situar a Pedagogia no contexto das novas realidades econômicas, políticas e culturais do mundo contemporâneo e no embate entre o pensamento moderno e as teorias sociais do pós-moderno. Apresenta algumas propostas assertivas para a escola, acreditando no seu papel democrático de ajudar os alunos a desenvolver uma razão crítica. O texto foi publicado antes em GHIRALDELLI Jr., Paulo. *Infância, Escola e Modernidade*, São Paulo, Cortez/Editora UFPR, 1996.

Muitos colegas e instituições têm créditos na concepção dos textos reunidos neste livro, como incentivadores ou interlocutores. Entre as instituições, menciono a Faculdade de Educação da UFG, onde trabalhei quase vinte anos, a Universidade Católica de Goiás (UCG), para onde retornei recentemente, o Programa de Pós-Graduação em Educação da Universidade Metodista de Piracicaba (Unimep) e o Programa de Pós-Graduação em Educação da Unesp-Marília, nas quais tive o prazer de trabalhar nos últimos anos, nas duas últimas temporariamente. É impossível deixar de agradecer a meus alunos dessas instituições, que só me deram alegria pelo respeito profissional, pela dedicação e pela preciosa interlocução intelectual e afetiva. Agradeço, especialmente, a Selma Garrido Pimenta e a Paulo Ghiraldelli Jr. a cessão de textos publicados anteriormente em obra coletiva organizada por eles. Igualmente, agradeço à Revista Inter-Ação, da Faculdade de Educação da Universidade Federal de Goiás. Nos últimos anos, a primeira leitora de meus textos tem sido Lana, minha mulher, que compartilha comigo os sabores e dissabores do cotidiano e os mesmos ideais profissionais e políticos. Preciosos amigos e amigas têm tido a paciência de ler e discutir meus trabalhos ou, ao menos, de me ouvir. Agradeço a todos, mas lembro-me especialmente de Selma Garrido Pimenta, Cipriano Luckesi, Maria Rita N.S. de Oliveira, Paulo Ghiraldelli Jr., Antonio Joaquim Severino, Iria Brzezinski, Ivani Fazenda, Ilma Alencastro Veiga, Maria Inês Laranjeira, Antonio Carlos Maximo, José C. Fusari. Em Goiânia, tenho um carinho especial aos meus ex-orientandos e hoje parceiros intelectuais, e outros amigos e amigas, entre eles Maria Augusta, Valter, Sandramara, Mirza, Dalva, Verbena, Maria Francisca, Sueli, Beatriz, Marília Miranda, Yvone, João Ferreira, Mitsuko.

CAPÍTULO I

O CAMPO DO CONHECIMENTO PEDAGÓGICO E A IDENTIDADE PROFISSIONAL DO PEDAGOGO

As questões referentes ao campo de estudo da Pedagogia, da estrutura do conhecimento pedagógico, da identidade profissional do pedagogo, do sistema de formação de pedagogos e professores, freqüentam o debate em todo o país há quase vinte anos nas várias organizações científicas e profissionais de educadores. Entretanto, não só os resultados desse movimento foram muito modestos, como tem sido difícil aos educadores obter um mínimo de consenso sobre elas. Os problemas e dilemas continuam, persistem velhos preconceitos, mantém-se apego a teses ultrapassadas, às vezes com o frágil argumento de que são conquistas históricas. É o que se pode ver por exemplo na insistência em temas como: a docência como base da identidade profissional de todo educador, a divisão do trabalho na escola, a separação conteúdo-métodos, a escola como local de trabalho capitalista. Junto a essas dificuldades, é visível que a profissão de pedagogo, como a de professor, tem sido abalada por todos os lados: baixos salários, deficiências de formação, desvalorização profissional implicando baixo *status* social e profissional, falta de condições de trabalho, falta de profissionalismo etc. Esses fatores, por sua vez, rebatem na desqualificação acadêmica da área, fazendo com que docentes e pesquisadores de outras áreas desconheçam a especificidade da Pedagogia, embora a critiquem. Este livro pretende trazer uma parcela dessas questões para o debate, especialmente tentando oferecer subsídios para a discussão sobre o campo científico da Pedagogia e o exercício profissional do pedagogo.

Um conceito ampliado de educação e de Pedagogia

Um dos fenômenos mais significativos dos processos sociais contemporâneos é a ampliação do conceito de educação. Não que isso não tivesse sido constatado antes por filósofos, sociólogos, antropólogos e até pedagogos. Um deles, o antropólogo Carlos Brandão, expressou bem essa idéia quando escreveu em seu *O que é educação*, em 1981:

Ninguém escapa da educação. Em casa, na rua, na igreja ou na escola, de um modo ou de muitos, todos nós envolvemos pedaços da vida com ela: para aprender, para ensinar, para aprender-e-ensinar. Para saber, para fazer, para ser ou para conviver, todos os dias misturamos a vida com a educação. Com uma ou com várias: educação? Educações. (...) Não há uma forma única nem um único modelo de educação; a escola não é o único lugar em que ela acontece e talvez nem seja o melhor; o ensino escolar não é a única prática, e o professor profissional não é seu único praticante.

Mas é evidente que as transformações contemporâneas contribuíram para consolidar o entendimento da educação como fenômeno plurifacetado, ocorrendo em muitos lugares, institucionalizado ou não, sob várias modalidades.

Os vários capítulos deste livro se propõem a mostrar que essa ampliação do conceito de educação, decorrente da complexificação da sociedade e da diversificação das atividades educativas, não poderia deixar de afetar a Pedagogia, tomada como teoria e prática da educação. Em várias esferas da sociedade surge a necessidade de disseminação e internalização de saberes e modos de ação (conhecimentos, conceitos, habilidades, hábitos, procedimentos, crenças, atitudes), levando a práticas pedagógicas. Mesmo no âmbito da vida privada, diversas práticas educativas levam inevitavelmente a atividades de cunho pedagógico na cidade, na família, nos pequenos grupos, nas relações de vizinhança. Em resumo, estamos diante de uma sociedade genuinamente pedagógica (cf. Beillerot, 1985).

De fato, vem se acentuando o poder pedagógico de vários agentes educativos formais e não-formais. Ocorrem ações pedagógicas não apenas na família, na escola, mas também nos meios de comunicação, nos movimentos sociais e outros grupos humanos organizados, em instituições não-escolares. Há intervenção pedagógica na televisão, no rádio, nos jornais, nas revistas, nos quadrinhos, na produção de material informativo, tais como livros didáticos e paradidáticos, enciclopédias, guias de turismo, mapas, vídeos e, também, na criação e elaboração de jogos, brinquedos. A mídia atua na modificação de estados mentais e afetivos das pessoas não apenas pela propaganda, mas também disseminando saberes e modos de agir nos campos econômico, político, moral, veiculando mensagens educativas, relacionadas com drogas, preservação ambiental, saúde, comportamentos sociais etc. Nas empresas, há atividades de supervisão do trabalho, orientação de estagiários, formação profissional em serviço. Na esfera dos serviços públicos estatais, disseminam-se várias práticas pedagógicas de assistentes sociais, agentes de saúde, agentes de promoção social nas comunidades etc. Ampliam-se programas sociais de medicina preventiva, informação sanitária, orientação sexual, recreação, cultivo do corpo. Ano a ano aumenta o número de congressos, simpósios, seminários. Desenvolvem-se em todo o lugar iniciativas de formação continuada nas escolas, nas indústrias. As empresas reconhecem a necessidade de formação geral como requisito para enfrentamento da intelectualização do processo produtivo.

Considerando-se, ainda, os vínculos entre educação e economia, as mudanças recentes no capitalismo internacional colocam novas questões para a Pedagogia. O mundo assiste hoje a intensas transformações, como a internacionalização da economia, as inovações tecnológicas em vários campos como a informática, a microeletrônica, a bioenergética. Essas transformações tecnológicas e científicas levam à introdução, no processo produtivo, de novos sistemas de organização do trabalho, mudança no perfil profissional e novas exigências de qualificação dos trabalhadores, que acabam afetando os sistemas de ensino. Não é casual que parcela do empresariado, surpreendentemente, esteja redescobrindo a escola básica além do interesse por processos de requalificação profissional. De fato, com a "intelectualização" do processo produtivo, o trabalhador não pode mais ser improvisado. São requeridas novas habilidades, mais capacidade de abstração, de atenção, um comportamento profissional mais flexível. Para tanto, repõe-se a necessidade de formação geral, implicando reavaliação dos processos de aprendizagem, familiarização com os meios de comunicação e com a informática, desenvolvimento de competências comunicativas, de capacidades criativas para análise de situações novas e modificáveis, capacidade de pensar e agir com horizontes mais amplos. Por mais que se reconheça que as transformações na educação decorrem de necessidades e exigências geradas pela reorganização produtiva e pela competitividade no âmbito das instituições capitalistas, portanto, com um caráter economicista, tecnocrático e expoliador, é notório que nos encontramos diante de novas realidades em relação ao conhecimento e à formação.

Verifica-se, pois, uma ação pedagógica múltipla na sociedade. O pedagógico perpassa toda a sociedade, extrapolando o âmbito escolar formal, abrangendo esferas mais amplas da educação informal e não-formal. Apesar disso, não deixa de ser surpreendente que instituições e profissionais cuja atividade está permeada de ações pedagógicas desconheçam a teoria pedagógica.

Com efeito, apesar dessa evidente redescoberta da Pedagogia como campo de estudos específicos relacionados com as práticas educativas, essa mesma Pedagogia está em baixa entre intelectuais e profissionais do meio educacional, desde quando, em meados dos anos 80, o posicionamento de um segmento dos educadores identificando a Pedagogia com as "habilitações profissionais", fez reduzir nas faculdades de educação os estudos específicos de Pedagogia. Hoje em dia, muitos pedagogos parecem estar se escondendo de sua profissão ou, ao menos, precisando justificar cotidianamente seu trabalho. Por razões ainda muito pouco esclarecidas, boa parte dos sociólogos da educação, psicólogos da educação, filósofos da educação que têm seus empregos e suas pesquisas em faculdades de educação, mobilizam-se pela desativação dos estudos específicos da Pedagogia. Essa posição ainda persiste por conta dos vários reducionismos de que é refém o campo do educativo, especialmente o sociologismo e o psicologismo, sem que os pedagogos consigam ordenar seu próprio discurso e sua própria prática profissional para fazer o contraponto aos seus críticos. Não se trata, de nenhum modo, de negar os aportes das ciências da educação para a construção do objeto de estudo da Pedagogia, a prática educativa, que, por natureza, é pluridimensional. O que a teoria pedagógica faz é integrar num todo articulado os diferentes processos analíticos que correspondem aos objetos específicos (e parciais) de estudo de cada uma das ciências da educação (Sarramona & Marques, 1985), conforme se buscará comprovar ao longo deste livro.

Pedagogia como teoria e prática da educação

Há uma idéia de senso comum, inclusive de muitos pedagogos, de que Pedagogia é o modo como se ensina, o modo de ensinar a matéria, o uso de técnicas de ensino. O *pedagógico* aí diz respeito ao metodológico, aos procedimentos. Trata-se de uma idéia simplista e reducionista.

A meu ver, a Pedagogia ocupa-se, de fato, dos processos educativos, métodos, maneiras de ensinar, mas antes disso ela tem um significado bem mais amplo, bem mais globalizante. Ela é um campo de conhecimentos sobre a problemática educativa na sua totalidade e historicidade e, ao mesmo tempo, uma diretriz orientadora da ação educativa. O *pedagógico* refere-se a finalidades da ação educativa, implicando objetivos sociopolíticos a partir dos quais se estabelecem formas organizativas e metodológicas da ação educativa. Nesse entendimento, o fenômeno educativo apresenta-se como expressão de interesses sociais em conflito na sociedade. É por isso que a Pedagogia expressa finalidades sociopolíticas, ou seja, uma direção explícita da ação educativa. É devido a esse caráter sócio-histórico que o pedagogo polonês Suchodolski considera a Pedagogia uma ciência sobre a atividade transformadora da realidade educativa.

O didata alemão Schmied-Kowarzik chama a Pedagogia de ciência *da* e *para* a educação, teoria e prática da educação. Tem, portanto, um caráter explicativo, praxiológico e normativo da realidade educacional. Também o pedagogo francês Jean Houssaye escreve que "a Pedagogia busca unir a teoria e a prática a partir de sua própria ação. É nesta produção específica da relação teoria-prática em educação que a Pedagogia tem sua origem, se cria, se inventa e se renova" (1996).

Pedagogia é, então, o campo do conhecimento que se ocupa do estudo sistemático da educação, isto é, do ato educativo, da prática educativa concreta que se realiza na sociedade como um dos ingredientes básicos da configuração da atividade humana. Nesse sentido, educação é *o conjunto das ações, processos, influências, estruturas, que intervêm no desenvolvimento humano de indivíduos e grupos na sua relação ativa com o meio natural e social, num determinado contexto de relações entre grupos e classes sociais.* É uma prática social que atua na configuração da existência humana individual e grupal, para realizar nos sujeitos humanos as características de "ser humano". Numa sociedade em que as relações sociais baseiam-se em relações de antagonismo, em relações de exploração de uns sobre outros, a educação só pode ter cunho emancipatório, pois a humanização plena implica a transformação dessas relações.[1]

---

1. Caso não tivesse esse vínculo com a práxis humana, implicando a crítica dessa práxis e uma consciência prática, a Pedagogia perderia sua capacidade de influir na práxis e se tornaria "uma ciência profissional pragmática do profes-

São esses processos formativos que constituem o objeto de estudo da Pedagogia. Mas, como já se mencionou, o campo do educativo é bastante vasto, porque a educação ocorre na família, no trabalho, na rua, na fábrica, nos meios de comunicação, na política. Com isso, cumpre distinguir diferentes manifestações e modalidades de prática educativa, tais como a educação informal, não-formal e formal. A *educação informal* corresponderia a ações e influências exercidas pelo meio, pelo ambiente sociocultural, e que se desenvolve por meio das relações dos indivíduos e grupos com seu ambiente humano, social, ecológico, físico e cultural, das quais resultam conhecimentos, experiências, práticas, mas que não estão ligadas especificamente a uma instituição, nem são intencionais e organizadas. A *educação não-formal* seria a realizada em instituições educativas fora dos marcos institucionais, mas com certo grau de sistematização e estruturação. A *educação formal* compreenderia instâncias de formação, escolares ou não, onde há objetivos educativos explícitos e uma ação intencional institucionalizada, estruturada, sistemática. Há uma interpenetração constante entre essas três modalidades que, embora distintas, não podem ser consideradas isoladamente.[2] Se há muitas práticas educativas, em muitos lugares e sob variadas modalidades, há, por conseqüência, várias pedagogias: a pedagogia familiar, a pedagogia sindical, a pedagogia dos meios de comunicação etc., e também a pedagogia escolar.

Essas considerações visam demonstrar que existe uma problemática educativa peculiar, um terreno de investigação próprio da Pedagogia e do qual nenhum outro campo do conheci-

---

sor, mera transmissora de conhecimentos para o domínio das aptidões técnicas e artesanais da orientação do ensino, submetida a objetivos determinados politicamente" (Schmied-Kowarzik, 1983).

2. Uma exposição mais detalhada dessas modalidades de educação é feita no Capítulo III. Esta discussão liga-se diretamente à atual diversificação dos agentes educativos para além dos tradicionais (família, escola, comunidade), expandindo-se para os meios de comunicação e informação, o espaço urbano, os grupos humanos organizados, os movimentos sociais, de modo que se poderia falar também em agências formais e não-formais.

mento se ocupa. Mas o que é esse *educativo* propriamente dito? Procurei mostrar anteriormente que o conceito ampliado de educação caracteriza-a como prática social, portanto enraizada no contexto geral da sociedade, e inclui como agentes educativos múltiplas instituições e práticas. Schmied-Kowarzik escreve:

> A educação é uma função parcial integrante da produção e reprodução da vida social, que é determinada por meio da tarefa natural, e ao mesmo tempo cunhada socialmente, da regeneração de sujeitos humanos, sem os quais não existiria nenhuma práxis social. A história do progresso social é simultaneamente também um desenvolvimento dos indivíduos em suas capacidades espirituais e corporais e em suas relações mútuas. A sociedade depende tanto da formação e da evolução dos indivíduos que a constituem, quanto estes não podem se desenvolver fora das relações sociais (1983).

A educação associa-se, pois, a processos de comunicação e interação pelos quais os membros de uma sociedade assimilam saberes, habilidades, técnicas, atitudes, valores existentes no meio culturalmente organizado e, com isso, ganham o patamar necessário para produzir outros saberes, técnicas, valores etc. É intrínseco ao ato educativo seu caráter de mediação que favorece o desenvolvimento dos indivíduos na dinâmica sociocultural de seu grupo, *sendo que o conteúdo dessa mediação são os saberes e modos de ação*. É esta idéia-força que explica as várias educações, suas modalidades e instituições, entre elas a educação escolar. Também daí decorrem as várias projeções do educativo em projetos nacionais, regionais, locais, que expressam intenções e ações logo materializadas nos currículos. A *Pedagogia,* mediante conhecimentos científicos, filosóficos e técnico-profissionais, investiga a realidade educacional em transformação, para explicitar objetivos e processos de intervenção metodológica e organizativa referentes à transmissão/assimilação de saberes e modos de ação.[3] Ela visa ao enten-

3. Beillerot (1985) apresenta uma definição de ação pedagógica: "uma prática, ou seja, um conjunto de comportamentos e ações conscientes e voluntá-

dimento, global e intencionalmente dirigido, dos problemas educativos e, para isso, recorre aos aportes teóricos providos pelas demais ciências da educação. Por sua vez, *pedagogo* é o profissional que atua em várias instâncias da prática educativa, direta ou indiretamente ligadas à organização e aos processos de transmissão e assimilação de saberes e modos de ação, tendo em vista objetivos de formação humana previamente definidos em sua contextualização histórica.

Vejamos mais de perto o sentido de *trabalho pedagógico*. O que define algo — um conceito, uma ação, uma prática — como sendo *pedagógico*? Mencionei, anteriormente, que há práticas de educação informal, não-formal e formal, caracterizando a educação informal com não-intencional, isto é, sem objetivos explícitos, sem o caráter de institucionalidade e estruturação, e as outras duas como intencionais. A Pedagogia ocupa-se da educação intencional. Como tal, investiga os fatores que contribuem para a construção do ser humano como membro de uma determinada sociedade, e os processos e meios dessa formação. Os resultados obtidos dessa investigação servem de orientação da ação educativa, determinam princípios e formas de atuação, ou seja, dão uma direção de sentido à atividade de educar.

O que acabo de afirmar leva a destacar duas características fundamentais do ato educativo intencional: primeira, precisamente a de ser uma atividade humana *intencional*; segunda, a de ser uma prática social. No primeiro caso, sendo a educação uma relação de influências entre pessoas, há sempre uma intervenção voltada para fins desejáveis do processo de formação, conforme opções do educador quanto à concepção de homem e sociedade; ou seja, existe sempre uma intencionalidade educativa, implicando escolhas, valores, compromissos éticos. No

---

rias de transmissão de saberes (...) por explicações que apelam à razão de uma ou mais pessoas, com a finalidade de: 1) modificar os comportamentos, os afetos, as representações dos ensinados... (aptidão para a mudança); 2) fazer adquirir métodos e regras fixas que permitam fazer face a situações conhecidas que se reproduzem com regularidade (aptidão para a resolução de problemas dados); fazer agir".

segundo caso, a educação é um fenômeno social, ou melhor, uma prática social que só pode ser compreendida no quadro do funcionamento geral da sociedade da qual faz parte. Isto quer dizer que as práticas educativas não se dão de forma isolada das relações sociais que caracterizam a estrutura econômica e política de uma sociedade, estando subordinadas a interesses sociais, econômicos, políticos e ideológicos de grupos e classes sociais. Sendo assim, ao investigar questões atinentes à formação humana e práticas educativas correspondentes, a Pedagogia começa perguntando que interesses estão por detrás das propostas educacionais. Precisamente por isso, a ação pedagógica dá uma direção, um rumo às praticas educativas, conforme esses interesses. *O processo educativo se viabiliza, portanto, como prática social precisamente por ser dirigido pedagogicamente.* Em outras palavras, é o caráter pedagógico que introduz o elemento diferencial nos processos educativos que se manifestam em situações históricas e sociais concretas. Sobretudo pelo fato de a prática educativa desenvolver-se no seio de relações entre grupos e classes sociais é que se ressalta a mediação pedagógica para determinar finalidades sociopolíticas e formas de intervenção organizativa e metodológica do ato educativo.

Em síntese, dizer do caráter pedagógico da prática educativa, é dizer que a Pedagogia, a par de sua característica de cuidar dos objetivos e formas metodológicas e organizativas de transmissão de saberes e modos de ação em função da construção humana, refere-se, explicitamente, a objetivos éticos e a projetos políticos de gestão social.

E o campo do didático? Na linguagem comum é freqüente a identificação entre o pedagógico e o didático, ou seja, fala-se indistintamente de ações pedagógicas e ações didáticas. A meu ver, não são termos sinônimos. O didático refere-se especificamente à teoria e prática do ensino e aprendizagem, considerando-se o ensino como um tipo de prática educativa, vale dizer, uma modalidade de trabalho pedagógico. Dessa forma, o trabalho docente é pedagógico porque é uma atividade intencional, implicando uma direção (embora nem todo trabalho pedagógico seja trabalho docente). O que significa dizer que todo ensino supõe uma "pedagogização", isto é, supõe uma direção pedagógica (intencional, consciente, organizada), para converter as bases da ciência em matéria de ensino.[4]

O desenvolvimento mais recente da teoria pedagógica tem acentuado de forma mais pontual o cunho prático-teórico da Pedagogia (Suchodolski, 1977, Schmied-Kowarzik, 1983, Houssaye, 1996, Contreras Domingo, 1997, Pimenta, 1997). Suchodolski utiliza os termos ciência prática e ciência teórica, pretendendo superar as dicotomias entre a teoria e a prática, de modo que a Pedagogia possa constituir-se como teoria prática e prática teórica. Por sua vez, escreve Houssaye:

> Por definição, o pedagogo não pode ser nem um puro e simples prático nem um puro e simples teórico. Ele está entre os dois. A ligação deve ser ao mesmo tempo permanente e irredutível, porque não pode existir um fosso entre a teoria e a prática. É esta abertura que permite a produção pedagógica. Em conseqüência, o prático em si mesmo não é um pedagogo, é mais um utilizador de elementos, de idéias ou de sistemas pedagógicos. Mas o teórico da educação como tal não é também um pedagogo; pensar o ato pedagógico não basta. Somente será considerado pedagogo aquele que fará surgir um "mais" na e pela articula-

---

4. "Pedagogizar" a ciência a ser ensinada significa submeter os conteúdos científicos a objetivos explícitos de cunho ético, filosófico, político, que darão uma determinada direção (intencionalidade) ao trabalho com a disciplina e a formas organizadas do ensino. Nesse sentido, converter a ciência em matéria de ensino é colocar parâmetros pedagógico-didáticos na docência da disciplina, ou seja, juntar os elementos lógico-científicos da disciplina com os político-ideológicos, éticos, psicopedagógicos e os propriamente didáticos. Isso quer dizer que para ensinar Matemática não basta ser um bom especialista em Matemática. É preciso que o professor agregue o pedagógico-didático, ou seja: que conteúdos da Matemática-ciência devem constituir-se na Matemática-matéria de ensino visando à formação dos alunos? A que objetivos sociopolíticos serve o conhecimento escolar da Matemática? Que representações, atitudes, convicções são formadas em cima do conhecimento matemático? Ou, que habilidades, hábitos, métodos, modos de agir, ligados a essa matéria, podem auxiliar os alunos a agirem praticamente diante de situações concretas da vida? Que seqüência de conteúdos é mais adequada à aprendizagem dos alunos, considerando sua idade, nível de escolarização, conceitos já disponíveis dos alunos etc.?

ção teoria-prática na educação. Tal é a caldeira da fabricação pedagógica (Houssaye, 1996).

Contreras Domingo (1997) raciocina de modo semelhante em relação à Didática, acentuando o caráter prático dessa disciplina no sentido de que toma o conhecimento teórico com intenção prática, isto é, a serviço do conhecimento profissional do professor. O conhecimento provido pela didática é o que permite uma contínua reelaboração da experiência profissional, de modo que o professor possa pensar sobre sua ação.

Pimenta tem sugestivas contribuições nessa linha, em trabalhos sucessivos que vem publicando desde 1994 a partir de posições de vários autores sobre a natureza da Pedagogia e da ação pedagógico-didática. Defende a Pedagogia como ciência da prática da educação, seu ponto de partida é a prática e a ela se dirige. São as demandas da prática efetiva que irão dar configuração aos saberes da docência: saberes da experiência, saberes científicos e saberes pedagógicos. A idéia que desenvolve é a de que o ensino ocorre em contextos sociais específicos, tais como as aulas, as escolas, os sistemas de ensino, as culturas e que é preciso conhecer essa prática estabelecendo nexos e relações entre esses contextos; para isso, a teoria torna-se indispensável.

A noção de Pedagogia como ciência prática ou ciência da e para a educação foi trabalhada sistematicamente por pedagogos marxistas. Há mais de vinte anos, por exemplo, Schimied-Kowarzik (edição alemã, 1974, brasileira, 1983) situava a Pedagogia ao lado da Ética e da Política como ciências práticas, para as quais se exige uma teoria que não tem seu objetivo em si mesma, mas na realização efetiva de uma atividade humana de sentido determinado e que, portanto, são ciências da práxis para a práxis. Para esse autor, a Pedagogia dialética representa a exigência, ainda a ser realizada, do auto-encontrar-se da Pedagogia como ciência da e para a práxis educacional, transformando-se por isso na determinação de objetivos pedagógicos a partir da e para a práxis.

Este entendimento permite afirmar que são pedagogos *lato sensu* os professores de todos os níveis de ensino e os demais profissionais que se ocupam de domínios e problemas da prática educativa, especialmente no campo dos saberes e modos de ação, em suas várias manifestações e modalidades; eles são, genuinamente, pedagogos. Certamente, é também legítimo identificar como pedagogos *stricto sensu* aqueles especialistas que, sem restringir sua atividade profissional ao ensino, dedicam-se a atividades de pesquisa, documentação, formação profissional, gestão de sistemas escolares e escolas, coordenação pedagógica, animação sociocultural, formação continuada em empresas, escolas e outras instituições.

A Pedagogia e as ciências da educação

A Pedagogia não é, certamente, a única área científica que tem a educação como objeto de estudo. Também a Sociologia, a Psicologia, a Economia, a Lingüística, podem ocupar-se de problemas educativos, para além de seus próprios objetos de investigação e, nessa medida, os resultados de seus estudos são imprescindíveis para a compreensão do educativo. Entretanto, cada uma dessas ciências aborda o fenômeno educativo sob a perspectiva de seus próprios conceitos e métodos de investigação. É a Pedagogia que pode postular o educativo propriamente dito e ser ciência integradora dos aportes das demais áreas. Isso significa que, embora não ocupe lugar hierarquicamente superior às outras ciências da educação, tem um lugar diferenciado.[5]

---

5. Houssaye, neste ponto, tem posição incisiva, conforme a leitura de Pimenta (1997). Primeiro, afirma que a Pedagogia não tem sua origem nas ciências da educação, porque estas não podem fornecer a prática, indispensável à elaboração pedagógica. Tais ciências tratam de saberes *sobre* a educação e a pedagogia, e não de *saberes pedagógicos*, que são constituídos a partir da prática. Segundo, que é a Pedagogia que pode construir esses saberes a partir de necessidades pedagógicas postas pelo real, para além dos esquemas apriorísticos das ciências da educação. E se estas desejarem ocupar-se da prática pedagógica, que recorram à pedagogia.

A Pedagogia, com isso, é um campo de estudos com identidade e problemáticas próprias. Seu campo compreende os elementos da ação educativa e sua contextualização, tais como o aluno como sujeito do processo de socialização e aprendizagem; os agentes de formação (inclusive a escola e o professor); as situações concretas em que se dão os processos formativos (entre eles o ensino); o saber como objeto de transmissão/assimilação; o contexto socioinstitucional das instituições (entre elas as escolas e salas de aula). Resumidamente, o objetivo do pedagógico se configura na relação entre os elementos da prática educativa: o sujeito que se educa, o educador, o saber e os contextos em que ocorre.

Não é difícil constatar que nenhuma das chamadas ciências da educação trata especificamente desta problemática. Quando um psicólogo investiga ou atua no campo educacional, ele aplica aí os conceitos e métodos da Psicologia, e os resultados que obtém são de ordem psicológica (Estrela, 1992). O mesmo ocorre com a Sociologia, Economia etc. A Pedagogia integra os enfoques parciais dessas diversas ciências em razão de uma aproximação global e intencionalmente dirigida aos problemas educativos e, nesse caso, os saberes dessas ciências convertem-se em saberes pedagógicos. Houssaye, citado por Pimenta (1997), diz que o retorno à Pedagogia ocorrerá se as ciências da educação deixarem de partir de diferentes saberes específicos e começarem a tomar a prática dos formados como o ponto de partida e de chegada para seus objetos de estudo.

A formação de pedagogos

Finalmente, uma palavra sobre o sistema de formação de pedagogos. O curso de Pedagogia deve formar o pedagogo *stricto sensu*, isto é, um profissional qualificado para atuar em vários campos educativos para atender demandas socio-educativas de tipo formal e não-formal e informal, decorrentes de novas realidades — novas tecnologias, novos atores sociais, ampliação das formas de lazer, mudanças nos ritmos de vida, presença dos meios de comunicação e informação, mudanças profissionais, desenvolvimento sustentado, preservação ambiental — não apenas na gestão, supervisão e coordenação pedagógica de escolas, como também na pesquisa, na administração dos sistemas de ensino, no planejamento educacional, na definição de políticas educacionais, nos movimentos sociais, nas empresas, nas várias instâncias de educação de adultos, nos serviços de psicopedagogia e orientação educacional, nos programas sociais, nos serviços para a terceira idade, nos serviços de lazer e animação cultural, na televisão, no rádio, na produção de vídeos, filmes, brinquedos, nas editoras, na requalificação profissional etc.

A caracterização de pedagogo *stricto sensu* é necessária para distingui-lo do profissional docente, já que todos os professores poderiam considerar-se, como já mencionado, pedagogos *lato sensu*. Por isso mesmo, importa formalizar uma distinção entre trabalho pedagógico (atuação profissional em um amplo leque de práticas educativas) e trabalho docente (forma peculiar que o trabalho pedagógico assume na sala de aula), separando portanto, curso de Pedagogia (de estudos pedagógicos) e cursos de licenciatura (para formar professores do ensino fundamental e médio). Caberia, também, entender que todo trabalho docente é trabalho pedagógico, mas nem todo trabalho pedagógico é trabalho docente. Esse entendimento implica total discordância do mote do movimento de reformulação dos cursos de formação de educadores, hoje representado pela Anfope (Associação Nacional pela Formação dos Profissionais da Educação), herdado dos pareceres elaborados por Valnir Chagas: "a base da identidade profissional do educador é a docência". A argumentação que se desenvolverá nos capítulos seguintes deste livro visa formular uma concepção de educador em que a base de sua identidade profissional seja a teoria e a prática em torno de saberes pedagógicos.

Em recente resenha do livro de Iria Brzezinski, *Pedagogia, pedagogos e formação de professores — Busca e movimento* (Libâneo, 1996), tomo posição mais explícita em relação ao movimento pela formação profissional de educadores.

No enfrentamento dos dilemas que ainda persistem, a ANFOPE precisa dar seguimento a questões inadiáveis em termos de políticas e diretrizes de formação de educadores, algumas delas já presentes em suas metas: 1) Reconhecimento da ampliação do conceito de práticas educativas e sua correspondência com uma diversidade de ações pedagógicas não restritas à escola (animação cultural, movimentos sociais, meios de comunicação, saúde pública, educação popular, educação ambiental, educação sindical, empresas etc.), abrindo o campo de exercício profissional do pedagogo. 2) Revigoramento da pesquisa no âmbito da ciência pedagógica, aproximando-a mais das necessidades de intervenção teórica e prática na formação de professores e de pedagogos não-docentes. 3) Reavaliação da organização formal da formação inicial de pedagogos e docentes tendo como critério as práticas pedagógicas reais e as necessidades de formação continuada. 4) Maior investimento na investigação da profissionalidade de professores e especialistas, considerando as demandas educacionais da realidade contemporânea. 5) Reavaliação das possibilidades de consolidação da Faculdade ou Instituto ou Centro de Educação para a formação dos especialistas, dos cientistas da educação e dos docentes para o ensino fundamental e médio, em nível de graduação (como primeira instância), tendo como base as áreas do conhecimento pedagógico. 6) Total revisão das formas de articulação das Faculdades de Educação com as redes públicas de ensino, mediante esquemas de interligação entre formação inicial e formação continuada.

Presentemente, ante novas realidades econômicas e sociais, especialmente os avanços tecnológicos na comunicação e informação, novos sistemas produtivos e novos paradigmas do conhecimento, impõem-se novas exigências no debate sobre a qualidade da educação e, por conseqüência, sobre a formação de educadores. Não cabe mais uma visão empobrecida dos estudos pedagógicos, restringindo-os aos ingredientes de formação de licenciados. Não se trata de desvalorização da docência, mas de valorização da atividade pedagógica em sentido mais amplo, no qual a docente está incluída. Já chega a ser um atraso no âmbito das várias ciências da educação desconhecer a *sociedade pedagógica* que se institui hoje no mundo inteiro. É imperioso que a escola se incorpore a outras agências educativas não-escolares como as formas de intervenção educativa urbana, os meios de comunicação, os movimentos sociais, as instituições culturais e de lazer, os centros de difusão de informação de variada natureza, de modo a assumir sua função de reordenadora e reestruturadora da cultura engendrada naqueles vários espaços sociais. Essa idéia de escola como "espaço de síntese" implica, ao mesmo tempo, a integração entre as múltiplas agências educativas e a acentuação das práticas de aprendizagem escolar. Quem quer que deseje continuar a ser chamado de "educador", não pode ignorar a importância hoje dos processos educativos extra-escolares, especialmente os comunicacionais, nos quais está implicada de corpo inteiro a pedagogia.

Em face disso, é surpreendente que setores das chamadas "ciências auxiliares da educação" persistam na campanha de estigmatizar o campo da investigação pedagógica e didática, como se tivesse algum sentido fazer a análise crítica da educação na sociedade contemporânea sem referi-la ao ofício cotidiano de educar e ensinar nas salas de aula e em outras instâncias educativas. A meu ver, a saúde dos movimentos e organizações de educadores depende de uma reavaliação de questões como a transposição de modelos teóricos de outros países, a reserva de mercado de áreas de conhecimento, o preciosismo intelectual excludente, o distanciamento das demandas reais de escolas e professores, a sociologização exacerbada dos problemas educacionais etc., questões essas que têm levado a falsos argumentos contra a natureza epistemológica da Pedagogia e a identidade profissional do pedagogo.

Referências bibliográficas

BEILLEROT, Jacky. *A sociedade pedagógica*. Porto, Rés Editora, 1985.

BRANDÃO, Carlos R. *O que é educação*. São Paulo, Brasiliense, 1981.

BRZEZINSKI, Iria. *Pedagogia, pedagogos e formação de professores — Busca e movimento*. Campinas, Papirus, 1996.

CONTRERAS DOMINGO, José. *Enseñanza, currículum y profesorado*. Madrid, Akal, 1990.

CONTRERAS DOMINGO, José. *La autonomía del profesorado*. Madrid, Morata, 1997.

ESTRELA, Albano. *Pedagogia ou ciência da educação*? Porto, Porto Editora, 1992.

HOUSSAYE, Jean. *Pédagogues contemporains*. Paris, Armand Colin, 1996.

LIBÂNEO, José C. O ato pedagógico em questão: o que é preciso saber. *Revista Inter-Ação*, 17 (1-2): 111-25, jan.-dez. 1993.

______. Reestruturação da Faculdade de Educação da UFG. Apontamentos críticos sobre seu projeto curricular de formação de educadores e sua estrutura organizacional. *Cadernos de Educação*, Goiânia, n. 1, 1994.

______. Pedagogia, pedagogos e formação de professores — Busca e movimento. *Educação & Sociedade*, n. 57/Especial, dez. 1996. Resenha.

PIMENTA, Selma G. Para uma re-significação da didática — Ciências da educação, Pedagogia e didática (uma revisão conceitual e uma síntese provisória). In. PIMENTA, Selma G. (Org.). *Didática e Formação de Professores — Percursos e perspectivas no Brasil e em Portugal*. São Paulo, Cortez, 1997.

SARRAMONA, Jaime & MARQUES, Salomó. *Qué es la Pedagogía? Una respuesta actual*. Barcelona, Ediciones CEAC, 1985.

SCHMIED-KOWARZIK, W. *Pedagogia dialética*. São Paulo, Brasiliense, 1983.

SUCHODOLSKI, Bogdan. *La educación humana del hombre*. Barcelona, Laia, 1977.

CAPÍTULO II

QUE DESTINO OS EDUCADORES DARÃO À PEDAGOGIA?

Em várias instituições de ensino superior, o curso de Pedagogia continua nas pautas de discussão. Os estudos referentes à história desse curso, no Brasil, mostram uma sucessão de ambigüidades e indefinições, com repercussões no desenvolvimento teórico do seu campo de conhecimento e na formação intelectual e profissional do pedagogo. Os movimentos e organizações de educadores que vêm sustentando o debate sobre os cursos de Pedagogia e Licenciaturas, desde o início da década de 1980, exerceram papel significativo na luta pela valorização do profissional da educação. Entretanto, conseguiram pouco em relação a medidas mais efetivas de cunho legislativo e operacional; no geral, as mudanças ocorridas ficaram restritas tão-somente a alterações na grade curricular dos cursos, sem avançar em questões mais de fundo, como a problemática epistemológica da Pedagogia, o desenvolvimento da teoria educacional e a investigação pedagógica.

O presente texto faz considerações a respeito do desenvolvimento dos estudos de Pedagogia no Brasil, retomando a análise da especificidade do conhecimento pedagógico e da atuação profissional do pedagogo, abrindo perspectivas de reconstrução dos cursos de Pedagogia. Sua elaboração foi motivada por uma proposta que apresentei no VI Encontro Nacional da Anfope (Associação Nacional pela Formação dos Profissionais da Educação), realizado em julho de 1992 em Belo Horizonte-MG. Naquela ocasião, discutia-se o papel das Faculdades de Educação e eu sugeria que elas deveriam oferecer dois cursos distintos: o de Pedagogia e o de Licenciatura para a formação de professores para todo o ensino fundamental e médio. A proposta foi discutida naquele encontro, mas não votada, com a justificativa dos organizadores de que não se ajustava aos princípios historicamente definidos pelo movimento de reformulação dos cursos de formação de educadores.

A proposta, em síntese, foi a seguinte:

1) A Faculdade de Educação teria dois cursos distintos: um formaria o pedagogo e o outro os licenciados para docência no ensino fundamental e no 2º grau. O pedagogo obteria especializações através de habilitações, entre elas a de Pedagogia Escolar (desdobrando-se, conforme o caso, nas habilitações convencionais ou outras). O licenciado obteria habilitações para: a) docência no curso de magistério; b) docência das disciplinas de 5ª à 8ª série e 2º grau; c) docência nas séries iniciais do ensino fundamental. Os cursos de formação de professores poderiam receber a denominação de *Centro ou Instituto de Formação de Professores*.

2) A estrutura curricular seria constituída de: a) uma base comum composta de disciplinas referentes à teoria e fundamentos da educação e à compreensão e organização da escola e do ensino; b) uma parte específica referente a conhecimentos técnico-profissionais, conforme o âmbito de atuação profissional (pedagogo, docente ou outra habilitação).

3) Poder-se-ia prever na organização curricular a possibilidade de o pedagogo habilitar-se como docente e do docente habilitar-se como pedagogo, em alguma forma de organização e seqüência de estudos.

4) O pedagogo (escolar ou não), segundo esta proposta, seria considerado um profissional especializado em estudos e ações relacionados com a ciência pedagógica, pesquisa peda-

gógica e problemática educativa, abordando o fenômeno educativo em sua multidimensionalidade. Nesse sentido, o curso de Pedagogia ofereceria formação teórica, científica e técnica para sua atuação em diferentes setores de atividades: nos níveis centrais e intermediários do sistema de ensino (políticas públicas para a educação, planificação e gestão, pesquisa e supervisão do sistema de ensino); na escola (administração, supervisão do ensino, assistência pedagógico-didática a professores e alunos, formação continuada, avaliação); nas atividades extra-escola (práticas educativas paraescolares, serviços de saúde e promoção social, meios de comunicação, formação profissional, produção de materiais didáticos de variada natureza etc.); nas atividades ligadas à formação e capacitação de pessoal nas empresas.

Em razão das considerações que se seguem, convém firmar, de início, meu entendimento de que um curso de licenciatura para formar o professor das séries iniciais de 1º grau e do curso de magistério não deveria substituir o curso de Pedagogia. Ou seja, o curso de Pedagogia deve ser distinto do de Licenciatura, ainda que o pedagogo possa ser também um licenciado, no sentido de que se pode formar um docente no pedagogo. Meu ponto de vista é de que o curso de Pedagogia é o que forma o pedagogo *stricto sensu*, isto é, um profissional não diretamente docente que lida com fatos, estruturas, processos, contextos, situações, referentes à prática educativa em suas várias modalidades e manifestações. A caracterização do pedagogo *stricto sensu* torna-se necessária, uma vez que, *lato sensu*, todos os professores são pedagogos. Por isso mesmo, importa formalizar uma distinção entre trabalho pedagógico, implicando atuação em um amplo leque de práticas educativas, e trabalho docente, forma peculiar que o trabalho pedagógico assume na escola.

Breve referência histórica

A primeira regulamentação do curso de Pedagogia no Brasil, em 1939, prevê a formação do bacharel em Pedagogia, conhecido como "técnico em educação". A legislação posterior, em atendimento à Lei nº 4.024/61 (LDB), mantém o curso de bacharelado para formação do pedagogo (Parecer CFE 251/62) e regulamenta as licenciaturas (Parecer CFE 292/62). O Parecer CFE 252/69 — a última regulamentação existente — abole a distinção entre bacharelado e licenciatura, mas mantém a formação de especialistas nas várias habilitações, no mesmo espírito do Parecer CFE 251/62. Com suporte na idéia de "formar o especialista no professor", a legislação em vigor estabelece que o formado no curso de Pedagogia recebe o título de licenciado.

Depois disso, as iniciativas de repensar ou reformular o curso de Pedagogia e as licenciaturas surgem na segunda metade da década de 1970, envolvendo organismos oficiais e entidades independentes de educadores. A partir dos anos 1980 destaca-se a atuação do movimento de reformulação dos cursos de formação do educador cuja atividade perdura até hoje na Anfope. Esse movimento manteve, nos documentos que produziu, o espírito do Parecer CFE 252/69 de não diferenciar a formação do professor e do especialista, tendendo a esvaziar o prescrito nesse Parecer quanto às habilitações do curso. Também reafirmou a idéia de que o curso de Pedagogia é uma licenciatura, contribuindo para descaracterizar a formação do pedagogo *stricto sensu*.

Em meados da década de 1980 algumas Faculdades de Educação, por influência de pesquisas, debates em encontros e indicações do movimento nacional pela formação do educador, suspenderam ou suprimiram as habilitações convencionais (administração escolar, orientação educacional, supervisão escolar etc.), para investir num currículo centrado na formação de professores para as séries iniciais do ensino fundamental e curso de magistério. A justificativa mais comum para essa medida foi e tem sido o entendimento de que o Parecer CFE 252/69, ao instituir as habilitações, estaria reproduzindo a ideologia implícita na Reforma Universitária de 68, ou seja, estaria introduzindo na escola a divisão do trabalho e o controle segundo o modelo da administração capitalista, levando à fragmentação da prática pedagógica (Silva, 1988). A idéia seria a de formar um novo professor, capacitado inclusive para exercer funções de direção, supervisão etc. Por outro lado, há instituições de ensino superior que mantêm o curso de Pedagogia com as características do Parecer CFE 252/69, enquanto outras gostariam de fazer reformulações para retomar a formação do pedagogo *stricto sensu* ou a reconsideração dos tipos de habilitações. Em outras, ainda se discute a conveniência de se atribuir ao curso de Pedagogia a tarefa específica de formação do professor para as séries iniciais do ensino fundamental em nível superior. Pode-se deduzir, entretanto, com base em alguns poucos estudos sobre inovações nas instituições e cursos de Pedagogia, que o saldo dessas iniciativas é modesto, enquanto persistam problemas crônicos, tais como o interminável questionamento da identidade da Pedagogia e as ambigüidades quanto à natureza do curso, sempre refletidos nos documentos legais. São, de fato, mais de 50 anos de controvérsias em torno da manutenção ou extinção do curso, da pertinência ou não de um campo de estudo próprio à Pedagogia, da formação do professor primário em nível superior, da formação de especialistas ou técnicos em educação etc. (cf. Chaves, 1986, Brzezinski, 1994).

A história dos estudos pedagógicos, do curso de Pedagogia, da formação do pedagogo e de sua identidade profissional está demarcada por certas peculiaridades da história da educação brasileira desde o início do século. Até os anos 20, não se punha em questão a existência de uma ciência pedagógica, à época fortemente influenciada pela Pedagogia católica e Pedagogia herbartiana, com influência de pedagogos alemães (Willmann, 1952). A idéia de uma ciência unitária, reunindo em torno de si as chamadas ciências auxiliares da educação, começa a perder espaço com o surgimento, no Brasil, do movimento da educação nova de inspiração norte-americana, que vai tomando conta, nos anos 30, de uma elite intelectual de educadores brasileiros. A adoção da teoria educacional de J. Dewey provoca, em muitas instituições de formação de educadores, o arrefecimento do núcleo de estudos denominado "Pedagogia" ou Pedagogia geral. A concepção imanentista de Dewey sobre os fins da educação não poderia combinar com uma noção de Pedagogia de cunho normativo, razão pela qual ele trata de uma "ciência da educação" (Dewey, 1968). Nos anos 50 inicia-se a propagação de novas teorias educacionais originadas nos EUA e rotuladas com a expressão "tecnicismo educacional", que se intensifica nos anos 70. Difundem-se expressões como planejamento instrucional, modelos de ensino, estratégias de ensino-aprendizagem. Acentua-se a idéia do gerenciamento dos sistemas escolares e escolas, com tentativas de dar um cunho empresarial à administração escolar e à sala de aula para atender exigências de racionalidade científica e técnica da escola.

Tanto o escolanovismo como o tecnicismo tendem a uma visão cientificista do educativo, à psicologização da atividade escolar, retirando da Pedagogia seu caráter ético-normativo e de disciplina integradora dos vários enfoques de análise do fenômeno educativo. Em conseqüência, ocorre um reducionismo dos termos "pedagogia" e "pedagógico", que passam a ser empregados para indicar meramente os aspectos metodológicos e organizativos da escola. Não é casual que nos países anglo-saxões seja utilizada a expressão "Ciência da Educação", no singular, e se empregue o termo "Educação" para designar o que, em outros lugares, se conhece como "Pedagogia". Numa direção diferente, segmentos de educadores brasileiros incorporam influências do escolanovismo francês por intermédio, principalmente, de Mialaret (1976), e aderem à expressão "ciências da educação" (entre as quais nem sempre figura a Pedagogia), de resto bastante difundida em países como Itália, Espanha e Portugal, onde, também, se busca demarcar o estatuto científico da Pedagogia (cf. Visalberghi, 1983, Sarramona & Marques, 1985, Benedito, 1987, Estrela, 1992).

Em meados da década de 1970, boa parte dos educadores une-se em torno da teoria da reprodução e das teorias críticas da sociedade, ambas dando suporte teórico para se fazer a crítica da educação no capitalismo e, particularmente, da concepção neopositivista de ciência e seus reflexos na educação. Parte dos educadores que aderem a esse movimento também resiste fortemente à existência de uma ciência pedagógica. Segundo alguns representantes dessas teorias, a Pedagogia seria na sociedade de classes o próprio modo de ser da ideologia dominante, já que a educação escolar atuaria como reprodutora dos antagonismos de classes sociais. A teoria pedagógica é, então, esvaziada para dar lugar a uma teoria sociopolítica da educação. Essa orientação passa a nutrir boa parte da produção dos intelectuais da área, principalmente filósofos e sociólogos da educação, que se dispuseram a contribuir na formulação de propostas para os currículos de formação de educadores (cf. Libâneo, 1990).

O movimento pela revalorização da educação pública, surgido por volta dos anos 80, busca saídas para a crise da escola brasileira, também a partir de um posicionamento crítico em relação ao capitalismo. Esse movimento, inicialmente sustentado pela Ande — Associação Nacional de Educação — atua como contraponto àquele de cunho reprodutivista mencionado anteriormente. Posiciona-se pelo entendimento da escola como lugar em que se reproduzem as contradições sociais, portanto, um lugar de luta hegemônica de classes, de resistência, de conquista da cultura e da ciência como instrumentos de luta contra as desigualdades sociais impostas pela organização capitalista da sociedade. Desenvolvem-se, nesse quadro, outras vertentes das teorias críticas da educação e, entre elas, a Pedagogia crítico-social dos conteúdos e a concepção histórico-crítica da educação, que trouxeram contribuições substantivas para a reabilitação da especificidade da Pedagogia (Libâneo, 1991).

É neste contexto dos anos 80 — marcado pela crítica da educação no capitalismo, por um lado, e pela associação entre análise crítica e formas de intervenção na prática escolar, por outro —, que se retomam as discussões sobre a sistemática de formação de educadores. Com esse propósito, realiza-se na Unicamp (Campinas-SP, 1978) o I Seminário de Educação Brasileira. Surgem os Comitês Pró-Reformulação dos Cursos de Pedagogia (Goiânia-GO, 1980), depois a Comissão Nacional dos Cursos de Formação do Educador (Belo Horizonte-MG, 1983), transformada recentemente (1990) em Anfope. Nos encontros dessa entidade, como também nas Conferências Brasileiras de Educação (CBE) e outros eventos dos profissionais da educação, voltam ao debate temas como: especificidade do curso de Pedagogia e das Licenciaturas, formação de especialistas não-docentes, formação dos professores das séries iniciais do 1º grau em nível superior, a base comum nacional de formação dos educadores, a questão da escola única de formação de professores e outros.

O movimento de reformulação dos cursos de formação de educadores, representado hoje pela Anfope, produziu ao longo destes anos documentos bastante expressivos do debate, tendo exercido efetiva influência na concepção de formação do professor e na reformulação de currículos em algumas Faculdades de Educação. No entanto, é forçoso reconhecer que, por insuficiente base teórica, por falta de propostas consensuais dos vários grupos de intelectuais envolvidos, por dificuldades encontradas na própria realidade ou, mesmo, por obstáculos legais, é ainda modesto o nível de alcance de seus objetivos. Com efeito, mesmo as experiências consideradas inovadoras não resistem a uma análise teórica mais apurada, como não conseguem escapar de reducionismos. Em faculdades que suprimiram as habilitações, disciplinas voltadas mais especificamente para formar o pedagogo *stricto sensu* foram retiradas do currículo ou esvaziadas (por exemplo, disciplinas relacionadas com administração escolar, supervisão, pesquisa e, em alguns lugares, a didática). Os reducionismos prejudicaram, também, a qualidade da oferta de disciplinas nas Licenciaturas. O esfacelamento dos estudos no âmbito da ciência pedagógica com a conseqüente subjunção do especialista no docente, e a improcedente identificação dos estudos pedagógicos a uma licenciatura, talvez sejam dois dos mais expressivos equívocos teóricos e operacionais da legislação e do próprio movimento da reformulação dos cursos de formação do educador, no que se refere à formação do pedagogo.

Embora seja justo reconhecer méritos nas propostas e ações do movimento mencionado, os impasses continuam e exigem persistir na busca de saídas. Nas considerações a seguir serão discutidos temas como: a especificidade do conhecimento pedagógico, a identidade profissional do pedagogo, a necessidade do pedagogo na escola e a pertinência das habilitações. Outras questões como a Licenciatura, a base comum nacional de formação, a natureza do trabalho escolar e a divisão do trabalho na escola, serão apenas tangenciados dentro do foco central do artigo: a Pedagogia e a formação do pedagogo não diretamente docente.

A especificidade do conhecimento pedagógico

Um dos resultados mais polêmicos do movimento que estamos analisando é a difusão do conhecido mote: "A docência constitui a base da identidade profissional de todo educador" (Encontro Nacional de Belo Horizonte-MG, 1983). Trata-se de um paradoxo que permeia os documentos produzidos nos vários encontros. Por um lado, partem de uma análise global da educação brasileira, acentuam uma formação ampliada do educador insistindo fortemente na dimensão política; por outro, incentivam currículos e práticas que reduzem a atuação do educador à docência. É quase unânime entre os estudiosos, hoje, o entendimento de que as práticas educativas estendem-se às mais variadas instâncias da vida social não se restringindo, portanto, à escola e muito menos à docência, embora estas devam ser a referência da formação do pedagogo escolar. Sendo assim, o campo de atuação do profissional formado em Pedagogia é tão vasto quanto são as práticas educativas na sociedade. Em todo lugar onde houver uma prática educativa com caráter de intencionalidade, há aí uma pedagogia.

Sem descartar a necessidade da análise epistemológica das ciências da educação ou dos critérios de demarcação do conceito de ciência, parto da idéia de que Pedagogia é uma área de conhecimento que investiga a realidade educativa, no geral e no particular. Mediante conhecimentos científicos, filosóficos e técnico-profissionais, ela busca a explicitação de objetivos e formas de intervenção metodológica e organizativa em instâncias da atividade educativa implicadas no processo de transmissão/

apropriação ativa de saberes e modos de ação.[1] *Pedagogo* é o profissional que atua em várias instâncias da prática educativa, direta ou indiretamente ligadas à organização e aos processos de transmissão e assimilação ativa de saberes e modos de ação, tendo em vista objetivos de formação humana definidos em sua contextualização histórica. *Em outras palavras, pedagogo é um profissional que lida com fatos, estruturas, contextos, situações, referentes à prática educativa em suas várias modalidades e manifestações.*

A idéia subjacente a essas formulações é a de que o fenômeno educativo é um aspecto da realidade social, distinguindo-se de outros aspectos da realidade. Ou seja, é um fato da vida individual e social possível de ser descrito, explicado, compreendido, em suas várias dimensões, mediante métodos de investi-

---

1. Alguns intelectuais da educação rejeitam a expressão "transmissão de saberes", como já se fez com outros termos do campo conceitual da área como instrução, técnica, treinamento etc. Não vejo razão sólida para essa rejeição. A expressão *processo de transmissão/apropriação ativa (ou assimilação ativa)*, freqüentemente utilizada nos meus textos, deve ser entendida num quadro conceitual mais amplo. Na proposta pedagógica que defendo, o que a humanidade produz, cria, transforma, em sua atividade sócio-histórica, vai constituindo os saberes lógico-sistemáticos que formam o patrimônio cultural acumulado ou, como dizem outros, a experiência humana culturalmente organizada. Os resultados dessa atividade sócio-histórica são objetivados e, daí, comunicados, transmitidos, como condição para que os sujeitos possam "apropriar-se" deles e continuar produzindo saberes, criando novas formas culturais. Não há, pois, auto-educação sem o provimento de qualidades humanas, sem a transmissão de saberes e modos de ação (gostem ou não os educadores do termo *transmissão*), porque a natureza humana não é dada ao homem, ela é constituída socialmente no processo da atividade sócio-histórica. Isso não desfaz o entendimento de que os indivíduos são agentes ativos e socioconstrutores dos seus conhecimentos. A educação intencionada, precisamente, mobiliza o processo de transmissão/assimilação ativa, mediante um conjunto de práticas sociais que auxiliam os indivíduos a assimilar e incorporar (internalizar) a atividade sócio-histórica humana (expressa em saberes e modos de ação), que possibilitará a construção de novos conhecimentos e de si próprios. A assimilação consciente e ativa é a contrapartida da transmissão, o que é o mesmo que dizer que a apropriação ativa de conhecimentos é socialmente mediada. É uma apropriação *ativa*, não-passiva, implicando uma interação entre sujeito e objeto e um processo interno de elaboração mental. A Pedagogia é a ciência que se ocupa do que é peculiar e próprio desse processo.

gação e elaboração sistemática de resultados, em função de um corpo de conceitos e proposições. A Pedagogia é a teoria, a reflexão, sobre esse aspecto da realidade em suas relações com outros aspectos. Constitui-se, pois, como campo de investigação específico cuja fonte é a própria prática educativa e os aportes teóricos providos pelas demais ciências da educação e cuja tarefa é a compreensão, global e intencionalmente dirigida, dos problemas educativos (Libâneo, 1993).

É esse o entendimento de alguns autores estrangeiros. O pedagogo argentino Ricardo Nassif (1958: 67) escreve que a Pedagogia, embora não possua um conteúdo "intrinsecamente próprio", tem um domínio próprio — a educação —, e um enfoque próprio — o educacional —, que lhe assegura o caráter de disciplina autônoma diante de outras esferas do saber e do fazer humanos. Diz que as fontes do conteúdo da Pedagogia são, em primeiro lugar, a própria *prática educativa* e, depois, para o conhecimento da prática educativa, recebe ajuda de fontes secundárias, as *ciências auxiliares*, cujo material forma o conteúdo da ciência pedagógica. O italiano Visalberghi (1983: 265) emprega o termo "pedagogia" para denotar o complexo de conhecimentos referentes ao fenômeno educativo visando a uma "aproximação global" dos problemas educativos. Embora reconheça a difusão da expressão "ciências da educação", não vê razão para repudiar o termo "pedagogia", inclusive para relembrar que "o educador e mesmo o pesquisador pedagógico, necessitam não apenas de conhecimentos científicos e filosóficos mas também de conhecimentos e atitudes derivados diretamente da experiência educativa concreta". O espanhol Sarramona (1985: 56) escreve que "a dimensão polifacética do fenômeno educativo não pode eliminar sua unicidade como tal, sob o risco de perder sua justificação como processo objeto de estudo científico". Para esse autor, a Pedagogia pode dar coerência à multiplicidade de ações parcializadas exatamente à medida que estabelece um corpo científico que toma como objeto de estudo o fenômeno educativo em seu conjunto. Nesse caso, elabora uma síntese integradora dos diferentes processos analíticos que correspondem a cada uma das ciências da educação.

Entende-se, assim, que a ciência pedagógica pode postular a si ramos de estudo próprios dedicados aos vários âmbitos da prática educativa (teoria da educação, teoria do ensino, organização do trabalho escolar, política educacional), complementados com a contribuição das demais ciências da educação. Esse complexo de conhecimentos funda-se no entendimento de que a Pedagogia é uma ciência inserida no conjunto das ciências da educação. Todavia, destaca-se delas para assegurar a unidade e dar sentido às contribuições das demais ciências, já que lhe cabe o enfoque globalizante e unitário do fenômeno educativo. Obviamente, os conhecimentos obtidos dessas ciências, à medida que estão referidos ao fenômeno educativo, convertem-se em conhecimentos *pedagógicos*, única razão para que se constitua uma Sociologia *da educação*, Psicologia *da educação* etc.

Dentro desse entendimento, não se está postulando à Pedagogia uma exclusividade no tratamento científico da educação. O fenômeno educativo requer, efetivamente, uma abordagem pluridisciplinar. O que se defende aqui é a peculiaridade da Pedagogia de responsabilizar-se pela reflexão problematizadora e unificadora dos problemas educativos, para além dos aportes parcializados das demais ciências da educação. Portanto, a multiplicidade dos enfoques e análises que caracteriza o fenômeno educativo não torna desnecessária a Pedagogia, como querem alguns intelectuais; ao contrário, precisamente em razão disso, ela institui-se como campo próprio de investigação para possibilitar um tratamento globalizante e intencionalmente dirigido dos problemas educativos. Quanto mais der conta de explicitar seu domínio próprio de investigação, mais poderá apropriar-se da contribuição específica das demais ciências (Libâneo, 1992).

A identidade profissional do pedagogo se reconhece, portanto, na identidade do campo de investigação e na sua atuação dentro da variedade de atividades voltadas para o educacional e para o educativo. O aspecto *educacional* diz respeito a atividades do sistema educacional, da política educacional, da estrutura e gestão da educação em suas várias modalidades, das finalidades mais amplas da educação e de suas relações com a totalidade da vida social. O aspecto *educativo* diz respeito à atividade de educar propriamente dita, à relação educativa entre os agentes, envolvendo objetivos e meios de educação e instrução, em várias modalidades e instâncias. Desse modo, todos os profissionais que se ocupam de domínios e problemas da prática educativa em suas várias manifestações e modalidades e onde haja um caráter de intencionalidade são, genuinamente, *pedagogos*: pais, professores, supervisores de trabalho, agentes dos meios de comunicação, autores de livros, orientadores e guias de turismo, agentes de educação em movimentos sociais etc.

Obviamente me refiro ao pedagogo em sentido amplo. Mas a argumentação que venho trazendo permite-me afirmar que o trabalho pedagógico não se reduz ao trabalho escolar e docente, embora todo trabalho docente seja um trabalho pedagógico. Vai daí que a base comum de formação do educador deva ser expressa num corpo de conhecimentos ligados à Pedagogia e não à docência, uma vez que a natureza e os conteúdos da educação nos remetem primeiro a conhecimentos pedagógicos e só depois ao ensino, como modalidade peculiar de prática educativa. Inverte-se, pois, o conhecido mote "a docência constitui a base da identidade profissional de todo educador". A base da identidade profissional do educador é a ação pedagógica, não a ação docente. Com efeito, a Pedagogia corresponde aos objetivos e processos do educativo. Justamente em razão do vínculo necessário entre a ação educativa intencional e a dinâmica das relações entre classes e grupos sociais, é que ela investiga os fatores que contribuem para a formação humana em cada contexto histórico-social, pelo que vai constituindo e recriando seu objeto próprio de estudo e seu conteúdo — a educação. Somente com esse entendimento é possível formular uma concepção de formação do educador, pois é a teoria pedagógica que pode, a partir da prática, formular diretrizes que darão uma direção à ação educativa.

O mesmo raciocínio é elaborado pelo autor alemão Schmied-Kowarzik: a Pedagogia precisa pensar-se a si própria em sua relação com a prática na qual se enraíza e a partir da qual e para a qual estabelece proposições. Por isso ela não é apenas "uma diretriz no plano teórico da ciência da educação, mas a preocupação teórico-científica da fundamentação da Pedagogia como ciência que, enquanto prática, não possui seu sentido em si mesma, mas na humanização da práxis". (1983: 15)

Com essas considerações, podemos retomar a discussão sobre a especificidade do campo do conhecimento pedagógico.

A análise do desenvolvimento histórico da Pedagogia permite identificar, desde Comênio, Rousseau, Herbart, Dewey, os elementos constitutivos da relação pedagógica: o aluno, os conteúdos, os métodos, a sociedade, articulados pela ação do educador. Ainda que as práticas educativas hoje se encontrem bastante ampliadas, não se reduzindo ao ensino, continua pertinente reconhecer nesses elementos constitutivos do pedagógico o núcleo de referência dos conhecimentos científicos, filosóficos e técnico-profissionais que compreendem a competência profissional do pedagogo.

Tais elementos vão levando, ao longo da história, a uma progressiva diversificação das ciências da educação (Psicologia, Sociologia, Filosofia, Didática) e à constituição das matérias de ensino a partir das ciências que lhes dão origem. Por certo, a ampliação do campo de ação do pedagogo, em correspondência com a amplitude cada vez maior das práticas educativas na sociedade, leva, também, ao aparecimento de operadores do processo educativo para além do educador escolar. Com isso, aqueles elementos constitutivos da relação pedagógica vão adquirindo outras acepções de aluno e educador. O educador não é mais apenas o docente, são os múltiplos agentes educativos conforme as instâncias em que operem (família, escola, meios de comunicação, fábrica, movimentos sociais etc.). Não é apenas o aluno na escola, mas o adulto, os pais, o telespectador, o leitor, o trabalhador, o morador, o consumidor etc. Os conteúdos e métodos também sofrem outras modulações conforme a variedade de situações pedagógicas. Pode-se dimensionar, por meio desse raciocínio, outras áreas do conhecimento que não devem ficar ausentes da formação do educador, tais como a informática, as teorias da comunicação, as ciências da linguagem etc.

Como se vê, por mais que se considere o progresso das ciências, não se modificam, em essência, as categorias do pedagógico, não havendo razão para inventar uma nova base comum de disciplinas para a formação profissional. Trata-se, sim, de reconceituá-las, de submetê-las ao crivo de seus determinantes sociais, econômicos, políticos, mediante a abordagem crítica da realidade educativa em suas manifestações concretas. Em outras palavras, a reflexão vai penetrando os campos da realidade educativa historicamente constituídos, reconcebendo os objetivos, os conteúdos e as categorias básicas da análise pedagógica, em função de necessidades concretas da vida social. Suchodolski (1977: 19) desenvolve esta idéia da seguinte forma:

> Este é o método de toda ciência moderna: conhecer a realidade através da construção de uma nova realidade. (...) A definição de pedagogia que aqui propomos assume precisamente esse caráter. Trata-se do conhecimento da realidade educativa mediante a participação na criação das formas mais adequadas às necessidades da civilização em desenvolvimento e às tarefas que a humanidade deve solucionar nestas condições. Ao considerar a pedagogia como uma ciência sobre a atividade transformadora da realidade educativa, temos a possibilidade de uma nova determinação dos objetivos da educação e de suas categorias fundamentais.

Em termos práticos, percorrido esse processo de reflexão, nada impede que se formule um núcleo de disciplinas contemplando uma base comum de formação do educador, naturalmente sempre submetida a uma análise metodológica crítico-social.

Em síntese, o campo do conhecimento pedagógico corresponde ao estudo científico e filosófico da educação e aos conhecimentos teóricos e práticos de sua aplicação. Mais especificamente, podem ser agrupados em três áreas:

a) Conhecimentos científicos e filosóficos da educação, abrangendo os elementos constitutivos da relação pedagógica já mencionados, dentro da multiplicidade de análises do fenômeno educativo. As disciplinas desta área formam uma parte do núcleo básico de formação. Por exemplo: Filosofia da Educação, Psicologia da Educação, Sociologia da Educação, Psicolingüística, Teorias da Comunicação, História da Educação, Teoria do Conhecimento etc.

b) Conhecimentos específicos da atividade propriamente pedagógica e que constituem a referência básica do tratamento do fenômeno educativo. Formam a outra parte do núcleo básico de formação do pedagogo. No caso particular da Pedagogia escolar refere-se a conhecimentos teóricos e práticos que proporcionam compreensão de conjunto da escola e do ensino e as bases teórico-práticas de atuação profissional. Por exemplo: teoria da educação, didática, organização escolar, política educacional, estrutura e funcionamento do ensino etc.

c) Conhecimentos técnico-profissionais específicos conforme o âmbito da atuação profissional. Por exemplo: princípios e práticas de administração escolar, supervisão escolar, orientação educacional, avaliação, currículo etc.

Áreas de atuação profissional do pedagogo

Há uma diversidade de práticas educativas na sociedade e, em todas elas, desde que se configurem como intencionais, está presente a ação pedagógica. A contemporaneidade mostra uma "sociedade pedagógica" (Beillerot, 1985), revelando amplos campos de atuação pedagógica. A partir de indicações desse autor, podem-se definir para o pedagogo duas esferas de ação educativa: escolar e extra-escolar.

No campo da ação pedagógica escolar distinguem-se três tipos de atividades:

a) a de professores do ensino público e privado, de todos os níveis de ensino e dos que exercem atividades correlatas fora da escola convencional;

b) a de especialistas da ação educativa escolar operando nos níveis centrais, intermediários e locais dos sistemas de ensino (supervisores pedagógicos, gestores, administradores escolares, planejadores, coordenadores, orientadores educacionais etc.);

c) especialistas em atividades pedagógicas paraescolares atuando em órgãos públicos, privados e públicos não-estatais, envolvendo associações populares, educação de adultos, clínicas de orientação pedagógica/psicológica, entidades de recuperação de deficientes etc. (instrutores, técnicos, animadores, consultores, orientadores, clínicos, psicopedagogos etc.).

No campo da ação pedagógica extra-escolar distinguem-se profissionais que exercem sistematicamente atividades pedagógicas e os que ocupam apenas parte de seu tempo nestas atividades:

a) formadores, animadores, instrutores, organizadores, técnicos, consultores, orientadores, que desenvolvem atividades pedagógicas (não-escolares) em órgãos públicos, privados e públicos não-estatais, ligadas às empresas, à cultura, aos serviços de saúde, alimentação, promoção social etc.;

b) formadores ocasionais que ocupam parte de seu tempo em atividades pedagógicas em órgãos públicos estatais e não-estatais e empresas referentes à transmissão de saberes e técnicas ligados a outra atividade profissional especializada. Trata-se, por exemplo, de engenheiros, supervisores de trabalho, técnicos etc., que dedicam boa parte de seu tempo a supervisionar ou ensinar trabalhadores no local de trabalho, orientar estagiários etc.

Nesta categoria incluem-se trabalhadores sociais, monitores e instrutores de recreação e educação física, bem como profissionais das mais diversas áreas profissionais onde ocorre algum tipo de atividade pedagógica, tais como: administradores de pessoal, redatores de jornais e revistas, comunicadores sociais e apresentadores de programas de rádio e TV, criadores de programas de TV, de vídeos educativos, de jogos e brinquedos, elaboradores de guias urbanos e turísticos, mapas, folhetos informativos, agentes de difusão cultural e científica etc.

O campo da atividade pedagógica extra-escolar é extenso. Poder-se-ia incluir no item da educação extra-escolar toda a gama de agentes pedagógicos que atuam no âmbito da vida privada e social: pais, parentes, trabalhadores voluntários em partidos políticos, sindicatos, associações, centros de lazer etc.

Obviamente, não cabe imaginar que um curso de Pedagogia venha a incluir a formação de todos os profissionais mencionados. Por exemplo, várias categorias de profissionais do segundo grupo são pedagogos apenas em sentido amplo (pode-se dizer que realizam uma atividade de cunho pedagógico). Em todo caso, poder-se-ia prever para esses "formadores ocasionais" formas também ocasionais de suprimento de capacitação profissional, tais como cursos de aperfeiçoamento ou atualização dentro, talvez, de atividades de extensão universitária. O mesmo se pode dizer em relação à formação de agentes pedagógicos que atuam na vida privada e social (cursos para pais, cursos de costura, culinária, línguas etc.).

Por que o pedagogo especialista ou pedagogo escolar

É notório o crescimento e a complexidade cada vez maior do sistema escolar (federal, estadual, municipal), em face da amplitude que vão assumindo as diversas modalidades de prática educativa na sociedade. São especialmente permanentes e crescentes as necessidades de atendimento escolar à população jovem. Com isso, obviamente, vai sendo requerida uma variedade maior de agentes do processo educacional: os que se dedicam à docência, aqueles ocupados com o planejamento, gestão e administração dos sistemas escolares e escolas, assim como supervisão e assistência pedagógico-didática ao sistema e às escolas, os profissionais que atuam em atividades paraescolares, extra-escolares e em atividades teórico-científicas (pesquisa, elaboração).

É consensual que na base dos sistemas de ensino e das escolas está a relação direta professor-alunos, para a qual devem convergir todas as ações. Todavia, comprovada a amplitude dos sistemas educacionais, há que se admitir, também, tarefas educativas especializadas, tais como as que se realizam nos níveis centrais e intermediários da administração e gestão dos sistemas, nas escolas, nas atividades extra-escolares, na atividade teórico-científica (pesquisa) existente nas Secretarias de Educação, Universidades e outras instituições.

Considerando-se a variedade de níveis de atuação profissional do pedagogo, há que se convir que os problemas, os modos de atuação e os requisitos de exercício profissional nesses níveis não são necessariamente da mesma natureza, ainda que todos sejam modalidades de prática pedagógica. De fato, os focos de atuação e as realidades com que lidam, embora se unifiquem em torno das questões do ensino, são diferenciados, o que justifica a necessidade de formação de profissionais da educação *não diretamente docentes*. Ou seja, níveis distintos de prática pedagógica requerem uma variedade de agentes pedagógicos e requisitos específicos de exercício profissional que um sistema de formação de educadores não pode ignorar.

A atuação do pedagogo escolar é imprescindível na ajuda aos professores no aprimoramento do seu desempenho na sala de aula (conteúdos, métodos, técnicas, formas de organização da classe), na análise e compreensão das situações de ensino com base nos conhecimentos teóricos, ou seja, na vinculação entre as áreas do conhecimento pedagógico e o trabalho de sala de aula. É fato que o número de escolas está sempre aumentando. Há uma tendência de construção de escolas cada vez maior, com conseqüências na organização do espaço físico e dos recursos materiais, na gestão do processo organizativo, na organização administrativa e curricular, na coordenação das atividades pedagógico-didáticas dos professores. São tarefas complexas que requerem habilidades e conhecimentos especializados, tanto quanto se requer por parte do professor conhecimento especializado da matéria que leciona.

É certo que o professor deve ser um profissional competente e compromissado com seu trabalho, com visão de conjunto do processo de trabalho escolar. Deseja-se um profissional capaz de pensar, planejar e executar o seu trabalho e não apenas um sujeito habilidoso para executar o que outros concebem. Todavia, mesmo admitindo-se que a formação do professor deva incluir conhecimentos mais amplos de Sociologia, Psicologia, organização escolar etc., é impossível um curso abarcar toda a gama de conhecimentos especializados aplicados à educação escolar. Obviamente, todo docente pode ser um bom administrador escolar, um bom supervisor de ensino, desde que tenha o domínio de conhecimentos especializados nessa área. Tanto a administração escolar como a supervisão e outros campos de trabalho contêm peculiaridades teóricas e práticas que requerem conhecimentos e habilidades específicas. As teorias da aprendizagem e do desenvolvimento humano, do currículo, do processo de conhecimento, da linguagem, a didática, implicam níveis de aprofundamento teórico que o currículo de uma Licenciatura não comporta. Se não bastarem esses argumentos, vale lembrar que o desenvolvimento das ciências, o aparecimento de novos condicionantes do rendimento escolar dos alunos e a busca de uma escola mais compatível com as características de nossa época implicam a formação continuada do professor.

A presença do pedagogo escolar torna-se, pois, uma exigência dos sistemas de ensino e da realidade escolar, tendo em vista melhorar a qualidade da oferta de ensino para a população. Quando se atribuem ao pedagogo as tarefas de coordenar e prestar assistência pedagógico-didática ao professor, não está se supondo que ele deva ter domínio dos conteúdos-métodos de todas as matérias. Sua contribuição vem dos campos do conhecimento implicados no processo educativo-docente, operando uma intersecção entre a teoria pedagógica e os conteúdos-métodos específicos de cada matéria de ensino, entre o conhecimento pedagógico e a sala de aula. O pedagogo entra naquelas situações em que a atividade docente extrapola o âmbito específico da matéria de ensino: na definição de objetivos educativos, nas implicações psicológicas, sociais, culturais no ensino, nas peculiaridades do processo de ensino e aprendizagem, na detecção de problemas de aprendizagem entre os alunos, na avaliação, no uso de técnicas e recursos de ensino etc. O pedagogo entra, também, na coordenação do plano pedagógico e planos de ensino, da articulação horizontal e vertical dos conteúdos, da composição de turmas, das reuniões de estudo, conselho de classe etc. Sobre isso escreve Pimenta (1988: 67):

> A escola (...) requer o concurso de vários profissionais. (...) Compreender a natureza do trabalho coletivo na escola (...) aponta para a necessidade de que a nova organização escolar se dê a partir da constatação de que o trabalho de educação escolar assenta-se numa prática social coletiva de vários profissionais que possuem diferentes especialidades (...) A organização da escola compete aos profissionais docentes e não-docentes. Seria ingênuo advogar que o professor de sala de aula devesse suprir todas as funções que estão fora da sala de aula mas que interferem no trabalho docente.

Convém acentuar que tais tarefas são diretamente conectadas às metodologias específicas das matérias que, por suposto, são da competência do professor. Não se trata, obviamente, de submeter o trabalho do professor ao controle do pedagogo. Ao contrário, são especialistas que se respeitam, sem imposição de métodos e sem romper drasticamente com os modos usuais de agir. Ou seja, pedagogos e docentes têm suas atividades mutuamente fecundadas por conta da especialidade de cada um, da experiência profissional, do trato cotidiano das questões de ensino e aprendizagem das matérias, dos encontros de trabalho em que o geral e o específico do ensino vão se interpenetrando.

Quem é contra a Pedagogia?

Pretendi mostrar, até aqui, a diversidade de práticas educativas na sociedade e a ocorrência de ações pedagógicas em todas as práticas educativas que se configuram como intencionais. A partir daí, procurei distinguir o lugar da Pedagogia entre as ciências da educação, bem como as áreas de atuação do pedagogo (atividades escolares, paraescolares e extra-escolares). Pedagogos seriam, pois, os professores de todos os graus de ensino, especialistas vinculados ao sistema de ensino e às escolas, especialistas que atuam em ações pedagógicas paraescolares ou extra-escolares em órgãos do setor público, privado e público não-estatal (animadores, instrutores, consultores, organizadores, trabalhadores sociais, formadores de opinião, especialistas em comunicação, criadores de vídeos, livros didáticos, agentes de difusão cultural etc.). Ou seja, procurou-se até aqui reconhecer no trabalho pedagógico uma atividade real, um campo de atuação definido e uma área de estudos com identidade própria.

Entretanto, na última década da educação brasileira veio ocorrendo um paradoxo. A sociedade foi se tornando cada vez mais "pedagógica", enquanto a quantidade e qualidade profissional dos pedagogos foram diminuindo. O movimento de reformulação dos cursos de formação de educadores preocupou-se mais com o "curso" e menos com as bases teóricas da Pedagogia. A ênfase na formação do docente reduziu o peso da formação pedagógica teórica mais aprofundada. Por sua vez, os pedagogos que participaram desse movimento ou cederam ao discurso ora sociologizante, ora psicologizante, ou sua participação foi tão pequena que seu discurso teórico quase foi silenciado. Hoje nossas Faculdades de Educação estão repletas de filósofos, sociólogos e psicólogos da educação e esvaziadas de pedagogos, mesmo porque aqueles raramente se reconhecem como pedagogos. Juntando esses ingredientes, acentuou-se a tendência que vinha se delineando desde os anos 20 com o movimento escolanovista de empobrecimento dos estudos específicos de teoria pedagógica.

A crítica à Pedagogia tem aumentado: ela não cobriria os requisitos de "cientificidade"; seria uma tarefa voltada para a prática, estando mais no campo da intuição e da arte do que no campo científico; não teria objeto de estudo próprio porque o fenômeno educativo é pluridimensional, assim como não disporia de um sistema claro e coerente de conceitos. Em primeiro lugar, algumas dessas limitações são atribuíveis às Ciências Sociais em geral. Segundo, os críticos da Pedagogia não percebem que a ocorrência dessas dificuldades epistemológicas não constituem razão suficiente para se ignorar a atividade prática correspondente ao campo de conhecimento pedagógico. Tal atividade, definida especificamente como formação humana, envolve dimensões da teoria científica e da prática, reflexão e ação. Nesse sentido, a insistência na redução do trabalho pedagógico ao trabalho docente — presente nos pareceres e resoluções do Conselho Federal de Educação, do movimento de reformulação dos cursos de Pedagogia e, por conseqüência, do currículo de Faculdades de Educação — foi e tem sido um obstáculo ao desenvolvimento dos estudos propriamente pedagógicos. Com efeito, a negação da existência de conhecimentos teóricos e práticos próprios da ciência pedagógica (em conexão com as demais ciências da educação) e a recusa de admitir-se um campo de atuação profissional mais amplo ao pedagogo abriram flancos a toda sorte de reducionismos, à intransigência e intolerância das posições estabelecidas nos campos do conhecimento, resultando no empobrecimento da investigação pedagógica específica, no vazio teórico da formação profissional, na desvalorização da formação pedagógico-didática dos licenciandos.

Onde estaria a raiz desta intolerância à Pedagogia como ciência ou, ao menos, como um campo específico de conhecimentos e práticas? É uma pergunta difícil de responder. Seria ver nela um caráter dogmático, excessivamente voltado para postulados ético-normativos num mundo propício à relativização de valores? Ou, por outro lado, um caráter racionalista ou mesmo tecnicista, no sentido de que toda ciência seria domesticadora, erigindo-se acima da sociedade? Ou a intolerância seria decorrente da subestimação dos objetivos e processos pedagógico-didáticos em favor da tese de que, para uma boa aprendizagem, os conteúdos/métodos de cada matéria se bastam? Se for isso, onde o docente buscará critérios de escolha de objetivos sociopolíticos e seleção de conteúdos científicos e métodos, para traduzi-los em escolhas concretas de modos de instrução e formação? Para essa tarefa bastaria a Filosofia, a Sociologia, a Psicologia, ou, mesmo, os próprios conteúdos/métodos de cada matéria? Mas para onde esses conhecimentos convergem, se não houver um campo de conhecimentos orientado intencionalmente para a prática educativa? Além disso tudo, conviria analisar mais a fundo a hipótese de que o desprestígio acadêmico dos estudos em Pedagogia se explicaria como reflexo direto da desvalorização social e profissional do educador escolar.

Seja como for, entendo que retirar da prática docente seus fundamentos pedagógicos (onde estão necessariamente implicados objetivos sociopolíticos da prática educativa) significa recusar a direção de sentido do ensino diante de uma sociedade marcada por antagonismos de classes e grupos sociais. Isto leva a reduzir o ensino à sua dimensão científica e técnica, desprezando-se sua dimensão valorativa, intencional. O processo docente é pedagógico precisamente porque é intencional, porque tem objetivos explícitos em face do quadro de interesses antagônicos existente na sociedade; é por isso que se justifica a mediação pedagógica e didática. Como escreve Manacorda: "decidir o que e como ensinar significa decidir que homem se pretende formar, que modelo de homem se tem em mente" (In: Maragliano et al., 1986: 8). No meu ponto de vista, é isto basicamente o que justifica uma pedagogia.

Uma visão verdadeiramente crítica do ensino, do ponto de vista histórico-social, não pode simplesmente suprimir a Pedagogia, sob pena de afirmar-se a recusa à formulação de objetivos sociopolíticos e formativos e à abordagem crítica dos conteúdos culturais. Todos os educadores seriamente interessados nas ciências da educação, entre elas a Pedagogia, precisam concentrar esforços em propostas de intervenção pedagógica nas várias esferas do educativo para enfrentamento dos desafios colocados pelas novas realidades do mundo contemporâneo.

Referências bibliográficas

ANFOPE. Documentos finais dos Encontros 1990-1994.

BEILLEROT, Jacky. *A sociedade pedagógica*. Porto, Rés Editora, 1985.

BENEDITO, Vicente. *Introducción a la Didáctica*. Barcelona, Barcanova, 1987.

BRZEZINSKI, Iria. Formação de professores: dilemas e perspectivas. Contradições e ambigüidades no curso de Pedagogia: do professor primário ao professor primário. *Anais do VII Encontro Nacional de Didática e Prática de Ensino*. Goiânia, 1994.

CADERNOS CEDES. *O profissional do ensino — debates sobre sua formação*. Campinas, Cortez/CEDES, n. 17, 1986.

CHAVES, Eduardo O. C. O curso de Pedagogia. *Cadernos CEDES*. São Paulo, (2): 47-69, 1986.

CONARFCE. Documentos finais dos Encontros, 1983-1990.

DEWEY, John. *La ciencia de la educación*. Buenos Aires, Losada, 1968.

ESTRELA, Albano. *Pedagogia ou ciência da educação?* Porto, Porto Editora, 1992.

LIBÂNEO, José C. A Didática e as tendências pedagógicas. *Série Idéias*. São Paulo, FDE, (11): 28-38, 1991.

______. *Fundamentos teóricos e práticos do trabalho docente. Estudo introdutório sobre Pedagogia e Didática*. Tese de doutorado. PUC-SP, 1990.

______. O ato pedagógico em questão: o que é preciso saber? *Revista Inter-Ação*, Goiânia, 17(1-2): 111-25, jan.-dez. 1993.

______. Os significados da educação, modalidades de prática educativa e a organização do sistema educacional. *Revista Inter-Ação*. Goiânia, 16(1-2): 69-90, jan.-dez. 1992.

MARAGLIANO, Roberto et al. *Teoria da Didática*. São Paulo, Cortez/Autores Associados, 1986.

MIALARET, Gaston. *As ciências da educação*. Lisboa, Moraes, 1976.

NASSIF, Ricardo. *Pedagogía general*. Buenos Aires, Kapelusz, 1958.

PIMENTA, Selma G. *O pedagogo na escola pública*. São Paulo, Loyola, 1988.

REIS FILHO, Casemiro. *A educação e a ilusão liberal*. São Paulo, Cortez/Autores Associados, 1981.

SARRAMONA, Jaime & MARQUES, Salomó. *Qué es la Pedagogía? Una respuesta actual*. Barcelona, Ediciones CEAC, 1985.

SCHIMIED-KOWARZIK, W. *Pedagogia dialética*. São Paulo, Brasiliense, 1983.

SILVA, Carmem S. B. da. A reforma universitária e o curso de Pedagogia: determinações e limites. *Didática*. São Paulo, 24: 1-105, 1988.

SUCHODOLSKI, Bogdan. *La educación humana del hombre*. Barcelona, Laia, 1977.

VISALBERGHI, Aldo. *Pedagogia e scienze dell'educazione*. Milano, A. Mondadori Editore, 1983.

WILLMANN, Otto. *A ciência da educação*. Porto Alegre, Globo, 1952.

CAPÍTULO III

OS SIGNIFICADOS DA EDUCAÇÃO, MODALIDADES DE PRÁTICA EDUCATIVA E A ORGANIZAÇÃO DO SISTEMA EDUCACIONAL

O texto propõe-se a explicitar os significados do termo *educação* recorrendo à sua origem etimológica, a algumas definições clássicas e à crítica dessas definições com base na concepção histórico-social. Formula uma definição de educação nessa perspectiva para, em seguida, abordar as modalidades de educação (informal, não-formal, formal), fazendo conjecturas sobre as formas de inclusão dessas modalidades num sistema articulado e integrado. Finaliza com o entendimento de que a prática educativa é o objeto peculiar de estudo da ciência pedagógica, que dá unidade aos aportes das demais ciências da educação.

Entre os profissionais que se ocupam, direta ou indiretamente, de atividades no campo educacional, tem havido entendimentos bastante diversos e, freqüentemente, parcializados do termo *educação*. Em boa parte devido à complexidade e multidimensionalidade do fenômeno educativo, a investigação de sua natureza, de suas especificidades e de suas funções pode ser feita sob vários enfoques: o antropológico, o sociológico, o econômico, o psicológico, o biológico, o histórico e o pedagógico.

Os que atuam mais diretamente na prática educativa escolar — professores, administradores escolares, diretores de escolas, supervisores, psicólogos — se dizem *educadores*, mas nem sempre os sentidos que dão ao termo *educação* aplicam-se às mesmas realidades. Por exemplo, educadores ocupados em planejar, organizar, supervisionar um sistema estadual de ensino terão menor interesse em temas como aprendizagem da leitura; um professor do ensino fundamental raramente deter-se-á em aprofundar estudos da política e gestão do sistema escolar. Para uns, importa mais a educação como instituição social; para outros, a educação como processo de escolarização. Entre os que se dedicam à formação de professores de nível superior ou de nível médio, é comum tomarem apenas o aspecto da totalidade do fenômeno educativo decorrente da área de estudo em que são especialistas — sociologia, psicologia, economia, filosofia, lingüística etc. Ao professor de Sociologia da Educação, por exemplo, assuntos como didática das matérias, processos internos de aquisição de conhecimentos, certamente são tomados como secundários. Um psicólogo da educação, quando investiga ou atua no campo educacional, aplica os conceitos e métodos da Psicologia, e os resultados que obtém são de ordem psicológica. Além disso, há que se considerar idéias, significados, representações e práticas do senso comum, em que os significados de *educação* são mesclados de elementos ideológicos, legais, culturais, religiosos, dominantes no ambiente sociocultural.

É inevitável, assim, que ocorram entendimentos parcializados devido ao viés das várias áreas de conhecimento que se ocupam do fenômeno educativo, das diversas instituições que lidam com questões educacionais ou das experiências vivenciadas na prática. Não é de estranhar que sociólogos, psicólogos, administradores escolares, professores costumem abordar questões da educação apenas sob o prisma de sua formação acadêmica ou de suas experiências em instituições específicas. Os problemas surgem quando pretendem generalizar conclusões de estudos ou opiniões para todas as instâncias da prática educativa.

As conseqüências dessa problemática são as visões parcializadas, reducionistas ou de senso comum, bem como as notórias dificuldades de precisão na definição de certos conceitos como pedagogia, instrução, ensino, sistema educacional, sistema de ensino. É sabido que a própria Pedagogia não dispõe de uma estruturação clara e formal de conceitos, mas isso não invalida a busca de integração entre as várias especializações, para um mínimo de precisão conceitual. Além disso, precisamente por serem muitas as portas de entrada para o estudo da educação, faz-se necessário o esforço de clarificar o âmbito do educativo, isto é, o que distingue o *enfoque educativo* da realidade de outros enfoques. Essa tarefa pertence à Pedagogia, na condição de ciência da e para a educação; ela sintetiza as contribuições das demais ciências da educação, dando unidade à multiplicidade dos enfoques analíticos do fenômeno educativo. Com isso, reconhece-se que os processos educativos ocorrentes na sociedade são complexos e multifacetados, não podendo ser investigados à luz de apenas uma perspectiva e, muito menos, reduzidas ao âmbito escolar. Ao mesmo tempo, é em razão da multiplicidade das dimensões do educativo que se torna necessário o enfoque propriamente educativo da realidade educacional e educativa, mediante uma reflexão problematizadora que integre os enfoques parciais providos pelas demais ciências sociais. Talvez seja esse o núcleo do debate sobre a problemática conceitual da educação e da investigação propriamente pedagógica.

O tema é instigante e complexo, mas precisa ser encarado, ainda que para estimular a divergência e o debate, que é a forma de o conhecimento avançar. O objetivo deste artigo é contribuir para o entendimento mais amplo dos significados e extensões do termo *educação*. A par disso, o texto poderá servir de subsídio aos alunos que se iniciam no estudo dos fundamentos da educação.

O conceito de educação

No linguajar corrente encontramos diversas expressões para designar o acontecer educativo: processo educativo, prática educativa, atividade educacional. Falamos de educação nacional, educação ambiental, educação rural, educação sexual, educação para o trânsito, educação escolar etc. Será possível chegarmos a um conceito que expresse características básicas, distintivas, do fenômeno educativo? Mesmo considerando o acontecer educativo como uma realidade multifacetada, e algo que permeia toda a vida social, será possível delimitar o campo de investigação do educativo para distinguir modalidades, setores, tipo de educação?

Talvez seja útil partirmos do sentido etimológico. Alguns autores que se ocupam em esclarecer o conceito apontam a origem latina de dois termos: *educare* (alimentar, cuidar, criar, referido tanto às plantas, aos animais, como às crianças); *educere* (tirar para fora de, conduzir para, modificar um estado). Mialaret faz uma interessante observação sobre o significado destes dois termos:

> Alimentar e educar. Não serão estas as duas tendências seculares e freqüentemente em conflito de uma educação ora preocupada antes de tudo em alimentar a criança de conhecimentos, ora em educá-la para tirar dela todas as possibilidades? (1976: 11).

Planchard (1975: 26) assinala que educar, em seu sentido etimológico, é conduzir de um estado para outro, é agir de maneira sistemática sobre o ser humano, tendo em vista prepará-lo para a vida num determinado meio. O termo *educatio* (educação) parece sintetizar aqueles dois outros: criação, tratamento, cuidados que se aplicam aos educandos visando adaptar seu comportamento a expectativas e exigências de um determinado meio social.

Essa noção parece estar presente no linguajar comum. Quando as pessoas dizem: "os pais educam os filhos", "fulano não tem educação", "a escola educa para a vida", "a educação é a mola do progresso", tem-se aí o sentido mais corrente de educação: uma série de ações visando à adaptação do comportamento dos indivíduos e grupos a determinadas exigências do contexto social. Esse contexto pode ser a família, a escola, a Igreja, a fábrica e outros segmentos sociais. A ação educadora seria, pois, a transmissão às crianças, aos jovens e adultos, de princípios, valores, costumes, idéias, normas sociais, regras de vida, às quais precisam ser adaptados, ajustados. Educa-se para que os indivíduos repitam os comportamentos sociais esperados pelos adultos, de modo que se formem à imagem e semelhança da sociedade em que vivem e crescem.

Nesse entendimento corrente, numa visão estrutural-funcionalista, há, sem dúvida, um posicionamento que pode ser considerado conservador. A educação é vista como algo que se repete, que se reproduz, algo sempre idêntico e imutável. Por mais que se identifique aí uma função comunitária no sentido de inserir os indivíduos num sistema social, predomina uma idéia de adaptação passiva a uma realidade cristalizada, isto é, a educação seria sempre a mesma para uma sociedade que é sempre a mesma. Para apreendermos uma noção mais ampliada da educação, não convém simplesmente recusar o entendimento corrente que vimos mencionando. A educação tem, de fato, uma função adaptadora. Há vínculos reais entre o ser humano que se educa e o meio natural e social, há um certo grau de adaptação às exigências desse meio. A educação é, também, uma prática ligada à produção e reprodução da vida social, condição para que os indivíduos se formem para a continuidade da vida social. Nesse sentido, é inevitável que as gerações adultas cuidem de transmitir às gerações mais novas os conhecimentos, experiências, modos de ação que a humanidade foi acumulando em decorrência das relações incessantes entre o homem e o meio natural e social. Trata-se, assim, de reconhecer no conceito de educação difundido no linguajar corrente esta idéia balizadora: o acontecer educativo corresponde à ação e ao resultado de um processo de formação dos sujeitos ao longo das idades para se tornarem adultos, pelo que adquirem capacidades e qualidades humanas para o enfrentamento de exigências postas por determinado contexto social.

É em torno desta idéia balizadora que vão se constituindo as teorias da educação, nas quais filósofos e educadores explicitam a natureza, os fins, as modalidades e métodos da educação.

Algumas definições clássicas de educação

As definições de educação são tão variadas quantas são as correntes e autores que se dedicaram ao seu estudo. Mencionaremos algumas delas com o intuito apenas de exemplificar posicionamentos sobre a natureza da ação de educar e a finalidade ou ideal que postulam. Ver-se-á que há quase uma unanimidade entre os autores de considerar a educação como um processo de desenvolvimento: o ser humano se desenvolve e se transforma continuamente, e a educação pode atuar na configuração da personalidade a partir de determinadas condições internas do indivíduo. Entretanto, as definições se diferenciam, pelo menos, em dois aspectos: 1) se esse processo depende de disposições internas ou da influência do ambiente circundante ou da ação recíproca entre ambos; 2) qual a finalidade ou ideal que se busca. Vejamos algumas dessas definições, sem pretender esgotar as concepções pedagógicas.

As concepções naturalistas, também chamadas inatistas, atribuem primazia aos fatores biológicos do desenvolvimento. A influência externa vinda de fatores sociais, culturais, agiria apenas como reguladora do ritmo e da manifestação de processos internos inatos. A educação e o ensino devem adaptar-se à natureza biológica e psicológica da criança e às tendências de seu desenvolvimento que já estariam basicamente prontas desde o nascimento. A finalidade da educação seria trazer à tona, "tirar para fora", o que já existe na natureza do indivíduo. As frases de Pestalozzi expressam bem esta idéia:

> A idéia da educação elementar nada mais é que o propósito de conformar-se com a natureza para desenvolver e cultivar as disposições e as faculdades da raça humana (...). A educação verdadeira, a educação segundo a natureza, conduz por sua essência a aspirar à perfeição, a tender à realização das faculdades humanas (...). Cada uma dessas faculdades se desenvolve se-

> gundo leis eternas imutáveis; e seu desdobramento não é conforme à natureza senão na medida em que concorda com as leis eternas de nossa própria natureza (in Chateau, 1978: 217).

As concepções pragmáticas concebem a educação como um processo imanente ao desenvolvimento humano, cujo resultado é a adaptação do indivíduo ao meio social. Por isso, educar-se é desenvolver-se, é auto-atividade provocada pelos interesses e necessidades do organismo, suscitados pelo ambiente físico e social. É pela experiência, nas interações entre organismo e meio, que o indivíduo desenvolve suas funções cognitivas. Esta concepção recusa toda orientação externa ao processo educativo, já que a finalidade da educação se confunde com o processo de desenvolvimento. Dewey (1979: 45) diz que "a criança é o ponto de partida, o centro e o fim; seu desenvolvimento e seu crescimento, o ideal". Duas definições:

> A educação é a organização dos recursos biológicos do indivíduo, de todas as capacidades de comportamento que o fazem adaptável ao meio físico e social (W. James, in Luzuriaga, 1951: 40).
>
> A educação não é a preparação para a vida, é a própria vida (...). A educação é uma constante reconstrução ou reorganização da nossa experiência, que opera uma transformação direta da qualidade da experiência, isto é, esclarece e aumenta o sentido da experiência e, ao mesmo tempo, nossa aptidão para dirigirmos o curso das experiências subseqüentes (Dewey, 1979: 83).

As concepções espiritualistas também concebem a educação como um processo interior mediante o qual cada pessoa vai se aperfeiçoando, mas é necessária a adesão a verdades ensinadas de fora, que dizem como o homem deve ser. Para a Pedagogia católica, a educação busca o fim último da vida, que é regenerar o homem corrompido pelo pecado original, preparando-o para a vida eterna. Para isso, cabe à educação atualizar disposições existentes potencialmente no aluno, cultivando suas faculdades mentais para atingir o ideal de perfeição, cujo modelo é Cristo.

> Educação é um processo de crescimento e desenvolvimento pelo qual o indivíduo assimila um corpo de conhecimentos, demarca seus ideais e aprimora sua habilidade no trato dos conhecimentos para a consecução de grandes ideais (Cunningham, 1975: 9).
>
> O verdadeiro cristão, fruto da educação cristã, é o homem sobrenatural que pensa, julga, age com constância e perseverança, seguindo a reta razão iluminada pela luz sobrenatural dos exemplos e da doutrina de Cristo (Pio XI, in Planchard, 1975: 26).

Para as concepções culturalistas, a educação é uma atividade cultural dirigida à formação dos indivíduos, mediante a transmissão de bens culturais que se transformam em forças espirituais internas no educando. O processo educativo realiza o encontro de duas realidades: a liberdade individual, cuja fonte é a vida interior, e as condições externas da vida real, o mundo objetivo da cultura. Apropriando-se dos valores culturais, o indivíduo forma sua vida interior, sua personalidade e com isso pode criar mais cultura.

> A educação é a atividade planejada pela qual os adultos formam a vida anímica dos seres em desenvolvimento (...) é uma influência intencional sobre a geração em desenvolvimento, que pretende dar aos indivíduos que se desenvolvem determinada forma de vida, determinada ordem às forças espirituais (W. Dilthey, in Luzuriaga, 1957: 32).
>
> A educação é o modo de ser subjetivo da cultura, a forma interna e espiritual da alma, que pode acolher em si com suas próprias forças tudo o que lhe chega de fora, e estruturar todas as manifestações e ações dessa vida unitária (H. Nohl, in Luzuriaga, 1951: 32).

As concepções ambientalistas são as que jogam no ambiente externo toda a força de atuação sobre o indivíduo para configurar sua conduta às exigências da sociedade. Segundo Durkheim, é a sociedade que propicia valores, idéias, regras, às quais o espírito do educando deve submeter-se. Diz mesmo que a educação é uma imposição ao educando de maneiras de ver, de sentir e de agir em consonância com os valores sociais. É conhecida a definição desse autor:

> A educação é a ação exercida pelas gerações adultas sobre as gerações que não se encontrem ainda preparadas para a vida social; tem por objeto suscitar e desenvolver, na criança, certo número de estados físicos, intelectuais e morais, reclamados pela sociedade política, no seu conjunto, e pelo meio especial a que a criança particularmente se destine (Durkheim, 1967: 41).

Outra corrente ambientalista é a que vem do behaviorismo, pelo qual o homem é um ser moldável, e por isso suas características se desenvolvem mediante a ação do ambiente externo. A educação seria a organização de situações estimuladoras pelas quais se controla o comportamento das pessoas, sem considerar seu raciocínio, seus desejos e fantasias, seus sentimentos e as formas como são apropriados os conhecimentos (Davis & Oliveira, 1990: 33).

As concepções interacionistas, por sua vez, evitam a polarização entre ação educativa externa e a atividade interna dos sujeitos. A explicação interacionista para o processo educativo afirma que o ser humano se desenvolve tanto biológica como psiquicamente na interação com o ambiente, implicando a interação entre o sujeito e o meio. As várias versões de concepções interacionistas (Piaget, Wallon, Vygotski entre outros) se diferenciam quanto à ênfase que dão à iniciativa do sujeito diante do meio ou do papel mais efetivo do meio na modificação do sujeito. Mas há um núcleo básico do interacionismo comum a elas: a aprendizagem é um processo interativo em que os sujeitos constroem seus conhecimentos através da sua interação com o meio, numa inter-relação constante entre fatores internos e externos.

> A concepção interacionista de desenvolvimento apóia-se, portanto, na idéia de interação entre organismo e meio e vê a aquisição de conhecimento como um processo construído pelo indivíduo durante toda a sua vida, não estando pronto ao nascer nem sendo adquirido passivamente graças às pressões do meio (id. p. 36).

Se percorrermos outras teorias, encontraremos diversas definições de educação. A amostra que demos sugere os vários entendimentos da ação educativa e de suas finalidades. Algumas colocam o ideal educativo fora do indivíduo, outras identificam educação com o desenvolvimento individual. Umas se atêem mais à atividade e às necessidades internas do indivíduo, outras atribuem ao ambiente externo a determinação do desenvolvimento. Algumas, ainda, buscam resolver o possível antagonismo entre o desenvolvimento — fator interno e espontâneo — e a adaptação — fator externo e imposto —, como o fazem as concepções interacionistas. Como escreve Suchodolski (1984: 113), o pensamento pedagógico de nossa época se debate com um dilema: "unir educação e vida de modo que não seja necessário um ideal ou definir um ideal tal que a vida real não seja necessária". Propõe como saída para o dilema uma solução de compromisso entre um caminho e outro, unindo o princípio da ligação entre educação e vida ao princípio de uma educação subordinada a um ideal ou, ainda, desfazendo a polarização entre a idéia de homem *tal como deve ser* e a idéia de homem *tal como é*.

Seja como for, as definições que apresentamos se movem em torno de uma visão individualista e liberal de educação, ora passando ao largo dos vínculos entre o processo educativo e as condições históricas e sociais em que se assenta a organização da sociedade, ora tomando a sociedade e as relações sociais como algo consolidado e estático.

Numa visão crítica, a superação da antinomia entre vida e ideal não pode se dar no âmbito apenas da individualidade, pois tanto a esfera do individual quanto a esfera do ambiente achamse vinculadas a condições concretas de vida material e social. O processo educativo, por conseqüência, é um fenômeno social, enraizado nas contradições, nas lutas sociais, de modo que é nos embates da práxis social que vai se configurando o ideal de formação humana. Isso significa que a tarefa da reflexão pedagógica é a de superar a antinomia entre fins individuais e fins sociais da educação. Esta é a idéia-chave de outra das concepções clássicas de educação, a concepção histórico-social, desenvolvida dentro da tradição socialista-marxista.

A crítica política e pedagógica do conceito de educação

A concepção histórico-social, ao conceber a educação como produto do desenvolvimento social e determinada pela forma de relações sociais de uma dada sociedade, põe-se como crítica radical à educação individualista. O vínculo da prática educativa com a prática social global faz vir à tona o fato de ela subordinar-se a interesses engendrados na dinâmica de relações entre grupos e classes sociais. Nessas condições, a educação tende não só a ser representativa dos interesses dominantes (consolidados pela ação do Estado), como também a ser transmissora da ideologia que responde a esses interesses.

Com efeito, a educação, para além de sua configuração como processo de desenvolvimento individual ou de mera relação interpessoal, insere-se no conjunto das relações sociais, econômicas, políticas, culturais que caracterizam uma sociedade. Se atentarmos para o fato de que, na sociedade presente, as relações sociais são marcadas por antagonismos entre os interesses de classes sociais e grupos sociais, que se manifestam em relações de poder, não será difícil perceber que as funções da educação somente podem ser explicadas partindo da análise objetiva das relações sociais vigentes, das formas econômicas, dos interesses sociais em jogo. Com base nesse entendimento, a prática educativa é sempre a expressão de uma determinada forma de organização das relações sociais na sociedade. Se, a par disso, virmos cada forma de organização social como resultado das ações humanas, portanto passível de ser modificada, também a educação é um acontecimento sempre em transformação. Ou seja, os objetivos e conteúdos da educação não são sempre idênticos e imutáveis, antes variam ao longo da história e são determinados conforme o desdobramento concreto das relações sociais, das formas econômicas da produção, das lutas sociais.

Essa dependência da educação em relação às formas sociais, econômicas, políticas de uma sociedade levam a colocar em questão uma prática educativa meramente adaptadora ao modelo de sociedade vigente e cuja ação se restringe aos marcos estreitos da família, da escola, da Igreja. Há processos educativos mais amplos que se sobrepõem às instituições, aos indivíduos e aos grupos que, tal como outras instâncias da vida social, política, cultural, encontram-se vinculados ao modo de produção da vida material. Marx & Engels escrevem a esse respeito o seguinte:

> As idéias da classe dominante são, em cada época, as idéias dominantes; isto é, a classe que é a força *material* dominante da sociedade é, ao mesmo tempo, sua força *espiritual* dominante. A classe que tem à sua disposição os meios de produção material, dispõe, ao mesmo tempo, dos meios de produção espiritual, o que faz com que a ela sejam submetidas, ao mesmo tempo e em geral, as idéias daqueles aos quais faltam os meios de produção espiritual (1984: 72).

Entender, pois, a educação como mero ajustamento a expectativas e exigências da sociedade existente significa desconhecer a constituição histórico-social do conceito de educação. A educação nunca pode ser a mesma em todas as épocas e lugares devido a seu caráter socialmente determinado. As normas sociais, os valores, os modelos de vida, de trabalho e de relações entre as pessoas, correspondem a modelos socialmente dominantes encarnados pelas classes que detêm o poder econômico e político. Como se manifestam estes modelos?

Em certo sentido, pode-se dizer que a prática social se manifesta, preponderantemente, na política. Como escreve Charlot (1979: 13), "a política constitui uma certa forma de totalização do conjunto das experiências vividas numa determinada sociedade". Tais experiências ocorrem no âmbito das instituições sociais, políticas, econômicas, culturais, geridas pelo Estado enquanto estrutura jurídico-política. Entre estas instituições, destacam-se aquelas encarregadas da instância ideológica, isto é, da produção, reprodução e difusão de princípios e valores que asseguram os interesses do sistema político e a estabilidade social.

> É no nível das relações entre classes e grupos sociais (antagônicos) que é elaborada a ideologia (...). Atendo-nos tão-somente à educação, o Estado a implementa mediante sua política educacional. É no âmago desta política educacional feita de idéias, planos, legislação, medidas administrativas e processos efetivos de ação prática que ganha forma a ideologia do Estado (Severino, 1986: 50).

Esse mesmo autor afirma, em seguida, que todo discurso pedagógico expresso na teoria, na legislação e na prática educacional é necessariamente um discurso auto-reprodutivo e reprodutor das relações sociais que estruturam determinada sociedade. Mas esclarece que a educação não tem sentido unívoco enquanto pura instância de reprodução, pois os processos que desencadeia geram e desenvolvem também forças contraditórias, que comprometem o fatalismo da reprodução quer ideológica, quer social, atuando na direção da transformação da realidade social. Pode operar, pois, uma mediação na ruptura das práticas reprodutivas pela intervenção da práxis humana, que pode criar, recriar, transformar a realidade social. Pode prover aos indivíduos a apropriação de saberes pelos quais podem compreender as relações reais de poder, atuando na formação política das classes dominadas, tanto ao nível da gestação de sua consciência de classe quanto ao nível de sua instrumentação para a práxis política mais adequada (id. ib.).

O ponto de vista crítico-social sobre a educação

Podemos buscar uma síntese da concepção histórico-social ou crítico-social. Em sentido amplo, a educação compreende o conjunto dos processos formativos que ocorrem no meio social, sejam eles intencionais ou não-intencionais, sistematizados ou não, institucionalizados ou não. Integra, assim, o conjunto dos processos sociais, pelo que se constitui como uma das influências do meio social que compõe o processo de socialização. Em sentido estrito, a educação diz respeito a formas intencionais de promoção do desenvolvimento individual e de inserção social dos indivíduos, envolvendo especialmente a educação escolar e extra-escolar. Esse caráter de intencionalidade será abordado mais adiante.

A prática educativa intencional compreende, assim, todo fato, influência, ação, processo, que intervém na configuração da existência humana, individual ou grupal, em suas relações mútuas, num determinado contexto histórico-social. Quando falamos em *configuração* da existência humana, queremos dizer que a educação visa ao desenvolvimento e à formação dos indivíduos em suas relações mútuas, por meio de um conjunto de conhecimentos e habilidades que os orienta na sua atividade prática nas várias instâncias da vida social. *Em suas relações mútuas*, quer dizer que o processo educativo ocorre em meio a relações sociais reais, o que é a mesma coisa que dizer que objetivos e conteúdos da educação são permeados pelas relações de poder existentes numa determinada sociedade. Sendo assim, a educação é uma atividade intencionalmente impulsionada, conforme fins que se estabelecem dentro do quadro de interesses e práticas das classes sociais. Estas considerações identificam o caráter crítico-social da educação.

Podemos, agora, tentar uma definição. A educação, enquanto atividade intencionalizada, é uma prática social cunhada como influência do meio social sobre o desenvolvimento dos indivíduos na sua relação ativa com o meio natural e social, tendo em vista, precisamente, potencializar essa atividade humana para torná-la mais rica, mais produtiva, mais eficaz diante das tarefas da práxis social postas num dado sistema de relações sociais. O modo de propiciar esse desenvolvimento se manifesta nos processos de transmissão e apropriação ativa de conhecimentos, valores, habilidades, técnicas, em ambientes organizados para esse fim.

Ressalta-se nessa definição o caráter de *mediação* da educação na atividade humana prática, operando a ligação teoria-prática. Ou seja, mediante conhecimentos, habilidades, valores, modos de ação, os sujeitos internalizam aquelas qualidades e capacidades humanas necessárias à sua atividade prática transformadora perante a realidade natural e social. Pode-se dizer que a prática educativa intencional concentra a experiência generalizada da humanidade no que se refere a saberes, experiências, modos de ação, acumuladas no decurso da atividade sócio-histórica de muitas gerações, para propiciar às novas gerações a apropriação ativa desses saberes e modos de ação como patamar para mais produção de saberes. Nesse movimento de objetivação-apropriação da cultura está a gênese dos processos educativos intencionais que ocorrem na família, na escola, nas instituições e grupos sociais, nos movimentos sociais.

Constituem-se, assim, os conteúdos da educação (conhecimentos, habilidades e procedimentos, valores) conforme contextos definidos de espaço, tempo, cultura e relações sociais.

Outros sentidos da educação: instituição, processo, produto

O termo *educação* é, também, empregado em três outros sentidos, conforme sugestão de Mialaret (1976: 12): educação-instituição, educação-processo e educação-produto.

A educação como *instituição social* corresponde à estrutura organizacional e administrativa, normas gerais de funcionamento e diretrizes pedagógicas referentes seja ao sistema educacional como um todo, seja ao funcionamento interno de cada instituição, tal como é o caso das escolas. Nesse sentido, falamos de educação brasileira, educação norte-americana, ou mesmo de educação antiga, educação moderna, como falamos da educação escolar, da educação familiar enquanto instituições específicas. Cumpre esclarecer que a multiplicidade de modalidades educativas presentes na sociedade contemporânea não permite restringir o sistema educacional ao sistema de ensino, nem reduzi-lo às suas formas estritamente institucionais ou oficiais. Como veremos adiante, há instâncias de educação não-formal que, a despeito de sua intencionalidade, não são necessariamente institucionalizadas, tais como os movimentos sociais e comunitários, as atividades de animação cultural, equipamentos urbanos etc.

A educação-*processo* corresponde à ação educadora, às condições e modos pelos quais os sujeitos incorporam meios de se educar. Admitindo-se que toda educação implica uma relação de influências entre seres humanos, a educação-processo indica a atividade formativa nas várias instâncias com vistas a alcançar propósitos explícitos, intencionais, visando promover aprendizagens mediante a atividade própria dos sujeitos. Implica, portanto, a existência de ambientes organizados, objetivos e conteúdos definidos em função de necessidades dos sujeitos e objetivos sociopolíticos, métodos e procedimentos de intervenção educativa para obter determinados resultados, para distinguir-se daqueles processos educativos informais, mais difusos e espontâneos. Mialaret dá uma interessante definição da educação-processo:

> O fato da educação é uma ação exercida sobre um sujeito ou grupo de sujeitos, ação aceita e mesmo procurada pelo sujeito ou grupo de sujeitos, em vista de atingir uma modificação profunda, tal como novas forças vivas nascem nos sujeitos e estes se tornam, eles mesmos, elementos ativos desta ação exercida sobre eles.

O processo educativo opera, pois, ao menos com três elementos: um *agente*, que está na origem da ação educativa, um *modo de atuação* (conteúdo/método) e um *destinatário* (indivíduo, grupo, geração). Outro autor, Nassif (1980: 215), expressa assim sua concepção de processo educativo:

> a configuração do indivíduo e do grupo que resulta da ação educativa organizada ou que é estimulada por ela. Ou, também, como o processo em cujo transcurso se configura ou se desenvolve a vida humana, individual e grupal, conforme fins preestabelecidos e mediante o emprego de conteúdos e métodos orientados por esses fins.

Enquanto *produto*, a educação tem o sentido de caracterizar os resultados obtidos de ações educativas, a configuração de sujeito educado como conseqüência de processos educativos. É o aluno educado como produto da oferta de serviços educativos. Quando dizemos: "o nível de ensino está muito baixo", "os jovens de hoje saem da escola sem iniciativa e sem visão crítica", "os universitários atualmente não sabem redigir uma linha", é a educação-produto que estamos avaliando. Evidentemente, estamos aqui diante da questão de objetivos e conteúdos da educação, seja escolar ou extra-escolar, que refletem expectativas sociais. Por exemplo, se desejamos formar sujeitos autônomos, solidários, participativos, profissionalmente capacitados etc., "aluno educado" é o sujeito que se comporta e se conduz de acordo com estas expectativas. Importa muito, para os educadores, a clareza de objetivos e os efeitos do processo educativo. É a partir da avaliação da educação-produto que se pode formular ou reformular a educação-instituição, tendo em vista aprimorar a educação-processo.

Considerando-se que a educação é uma ação, é a educação-processo que caracteriza mais propriamente o fato educativo, fornecendo as bases para a educação-sistema e para a educação-produto. E aqui cabe verificar objetivos e modalidades de educação conforme as idades, os vários agrupamentos sociais a atender, delineando a natureza e os vínculos entre a educação informal, não-formal e formal que se definem segundo o critério da intencionalidade ou não-intencionalidade dos processos educativos.

As dimensões da educação

A referência aos processos e aos produtos ou efeitos da educação remete-nos às dimensões ou âmbitos da educação, uma vez que elas antecedem a formulação dos objetivos e conteúdos. O tema é recorrente na teoria e na filosofia da educação, e é quase unânime entre os autores a crença de que a formação humana abarca um conjunto de dimensões visando ao ser humano integral (ou onilateral, como preferem outros).

As dimensões da educação correspondem a funções da atividade humana consideradas prioritárias no processo educativo. Os autores têm destacado especialmente as dimensões intelectual (ou cognitiva), social, afetiva, física, estética, ética. É evidente que tais dimensões formam uma unidade no comportamento humano, pois as respostas dos sujeitos são sempre totais, é o ser humano inteiro que se educa. Além dessas dimensões, outras vão surgindo conforme necessidades e expectativas das instituições, das mudanças que vão ocorrendo na sociedade em contextos globais e locais. É o caso, por exemplo, da educação ambiental que ganha cada vez mais destaque nas instâncias de formação. Outros temas vêm se destacando como a educação sexual, educação para a convivência social, educação para solidariedade, educação holística etc.

As modalidades de educação: informal, não-formal, formal

Nosso propósito neste tópico é considerar a educação em duas modalidades: a educação não-intencional, também chamada de educação informal ou, ainda, educação paralela; a educação intencional, que se desdobra em educação não-formal e formal. Veremos em que se distinguem e como se articulam.

Educação não-intencional e educação intencional

Já há um bom tempo que os educadores progressistas descartam a idéia de conceber a educação como fenômeno isolado da sociedade e da política, e de que a escola convencional seja a única forma de manifestação do processo educativo. Desde Marx e Engels, a educação somente pode ser compreendida como produto do desenvolvimento social, determinada pelas relações sociais vigentes em cada sociedade e, portanto, dependente dos interesses e práticas de classe, de tal modo que a transformação da educação é um processo ligado à transformação das relações sociais.

Uma tal concepção do processo educativo leva à ampliação do significado da educação na sociedade. E aqui se destaca como necessária a distinção entre educação não-intencional e a educação intencional. Num sentido mais amplo, a educação abrange o conjunto das influências do meio natural e social que afetam o desenvolvimento do homem na sua relação ativa com o meio social. Os fatores naturais como o clima, a paisagem, os fatos físicos e biológicos, sem dúvida exercem uma ação educativa. Do mesmo modo, o ambiente social, político e cultural implicam sempre mais processos educativos, quanto mais a sociedade se desenvolve. Os valores, os costumes, as idéias, a religião, a organização social, as leis, o sistema de governo, os movimentos sociais, as práticas de criação de filhos, os meios de comunicação social são forças que operam e condicionam a prática educativa. A despeito desse grande poder dessas influências, boa parte delas ocorrem de modo não-intencional, não-sistemático, não-planejado. Elas atuam efetivamente na formação da personalidade, porém, de modo disperso, difuso, com caráter informal, não se constituindo em atos conscientemente intencionais. Isso não significa, absolutamente, que sejam negados seus efeitos educativos, mesmo porque é muito em virtude desses fatores e influências não-intencionais que se dá o processo de socialização. Além do mais, eles estão presentes em qualquer lugar onde ocorram atos educativos intencionais.

Entretanto, não podemos confundir a educação não-intencional, informal, com a totalidade do processo educativo. O processo de socialização não se identifica com o processo educativo, especialmente quando este assume formas intencionais, sistemáticas. Não apreender esta diferença é cair no sociologismo que tende a ver a educação, exclusiva e unilateralmente, apenas como um processo decorrente da participação direta na vida social.

Surge, pois, no desenvolvimento histórico da sociedade, a educação intencional como conseqüência da complexificação da vida social e cultural, da modernização das instituições, do progresso técnico científico, da necessidade de cada vez maior número de pessoas participarem das decisões que envolvem a coletividade. A sociedade moderna tem uma necessidade inelutável de processos educacionais intencionais, implicando objetivos sociopolíticos explícitos, conteúdos, métodos, lugares e condições específicas de educação, precisamente para possibilitar aos indivíduos a participação consciente, ativa, crítica na vida social global. Acertadamente escreve Ribeiro:

> A capacidade de aproveitar experiências não preparadas varia conforme a compreensão conjunta de experiências anteriores, uma vez que há um mínimo de integração do indivíduo no grupo, aquém do qual nem poderá aprender as situações comuns que não terão sequer sentido para ele (1965: 71).

Educação não-formal e formal

Faz-se necessário, de início, distinguir duas modalidades de educação intencional: a não-formal e a formal. E aqui nos encontramos diante de questões que merecem uma reflexão mais detida. Que é a educação formal e a educação não-formal? Educação não-formal é a mesma coisa que educação informal, não-intencional? A educação formal se aplicaria apenas à educação escolar? A educação de adultos, a educação sindical, política etc., por se darem fora do âmbito da educação escolar convencional, não teriam, também, caráter formal? O que não é educação escolar, terá sempre caráter "informal"? A recusa que se faz do caráter intencional e formal da educação — por ver os sempre um caráter ideológico e classista — não levaria a que as formas não-convencionais ou alternativas de educação postulassem um romântico retorno à "comunidade pura", onde a educação seria outra vez difusa, espontânea, informal?

Sendo o termo *formal* o elemento distintivo das duas denominações, vejamos o que ele significa. *Formal* refere-se a tudo o que implica uma forma, isto é, algo inteligível, estruturado, o modo como algo se configura. Educação formal seria, pois, aquela estruturada, organizada, planejada intencionalmente, sistemática. Nesse sentido, a educação escolar convencional é tipicamente formal. Mas isso não significa dizer que não ocorra educação formal em outros tipos de educação intencional (vamos chamá-las de não-convencionais). Entende-se, assim, que onde haja ensino (escolar ou não) há educação formal. Nesse caso, são atividades educativas formais também a educação de adultos, a educação sindical, a educação profissional, desde que nelas estejam presentes a intencionalidade, a sistematicidade e condições previamente preparadas, atributos que caracterizam um trabalho pedagógico-didático, ainda que realizadas fora do marco do *escolar* propriamente dito.

A educação *não-formal*, por sua vez, são aquelas atividades com caráter de intencionalidade, porém com baixo grau de estruturação e sistematização, implicando certamente relações pedagógicas, mas não formalizadas. Tal é o caso dos movimentos sociais organizados na cidade e no campo, os trabalhos comunitários, atividades de animação cultural, os meios de comunicação social, os equipamentos urbanos culturais e de lazer (museus, cinemas, praças, áreas de recreação) etc. Na escola são práticas não-formais as atividades extra-escolares que provêem conhecimentos complementares, em conexão com a educação formal (feiras, visitas etc). O exemplo da escola mostra que, freqüentemente, haverá um intercâmbio entre o formal e o não-formal. Uma associação de bairro, instância de educação não-formal, poderá reunir as mães, durante três dias, para um curso sobre a importância do aleitamento materno, onde se terão objetivos explícitos, conteúdos, métodos de ensino, procedimentos didáticos que são características da educação formal.

Considera-se, pois, equivocado o entendimento de que formas alternativas de educação se constituem como não-formais ou informais. É preciso superar duas visões estreitas do sistema educativo: uma, que o reduz à escolarização, outra que quer sacrificar a escola ou minimizá-la em favor de formas alternativas de educação. Na verdade, é preciso ver as modalidades de educação informal, não-formal, formal, em sua interpenetração. A escola não pode eximir-se de seus vínculos com a educação informal e não-formal; por outro lado, uma postura consciente, criativa e crítica ante os mecanismos da educação informal e não-formal depende, cada vez mais, dos suportes da escolarização. Não levando em conta esta interpenetração, expressando o movimento de entrecruzamento entre as diversas modalidades de educação, cai-se em posições sectárias que só contribuem para a divisão da ação dos educadores. Nem negação da escola, nem isolamento da escola em relação à vida social. Vejamos a questão mais de perto.

Educação informal x Educação formal?

Convém, pois, encetar um esforço para dissolver os reducionismos. Ver a educação como prática social dissolvida nos movimentos sociais é uma sociologização da educação que empobrece a Pedagogia; ver a educação apenas no âmbito escolar é pedagogismo que empobrece uma visão contextualizada da prática educativa escolar. Vejamos como se dão as interfaces entre as modalidades de educação, para tornar mais rica a investigação e a intervenção político-educativa.

Nassif (1980: 277) define a educação informal como "o processo contínuo de aquisição de conhecimentos e competências que não se localizam em nenhum quadro institucional", acrescentando ainda seu caráter não-intencional. O mesmo autor utiliza-se do termo "funcional" para identificar práticas educativas decorrentes da impregnação do meio ambiente perante o qual os indivíduos precisam adaptar-se. Entendemos, todavia, que o termo "informal" é mais adequado para indicar a modalidade de educação que resulta do "clima" em que os indivíduos vivem, envolvendo tudo o que do ambiente e das relações socioculturais e políticas impregnam a vida individual e grupal. Tais fatores ou elementos informais da vida social afetam e influenciam a educação das pessoas de modo necessário e inevitável, porém não atuam deliberadamente, metodicamente, pois não há objetivos preestabelecidos conscientemente. Daí seu caráter não-intencional. Essas relações educativas são contraídas independentemente da consciência das finalidades que se pretendem. Poder-se-ia argumentar contra essa idéia dizendo-se que estas circunstâncias que configuram a globalidade da vida social podem ser modificadas, transformadas, tendo em vista uma nova sociedade; assim, passar-se-ia de uma sociedade educadora para outra sociedade educadora. Todavia, cumpre constatar que tais transformações requerem uma ação educadora intencionada. Os processos educativos informais só se movem a partir de ações organizadas, conscientes, intencionais, ou seja, quando se pode prefigurar, antecipar resultados que se quer obter.

O caráter não-intencional e não-institucionalizado da educação informal não diminui a importância dos influxos do meio humano e do meio ambiente na conformação de hábitos, capacidades e faculdades de pensar e agir do homem. A ênfase que muitos educadores têm dado a essa modalidade de educação tem contribuído especialmente para a compreensão da totalidade dos processos educativos, para além da dualidade docente-discente. Com efeito, a educação informal perpassa as modalidades de educação formal e não-formal. O contexto da vida social, política, econômica e cultural, os espaços de convivência social na família, nas escolas, nas fábricas, na rua e na variedade de organizações e instituições sociais, formam um ambiente que produz efeitos educativos, embora não se constituam mediante atos conscientemente intencionais, não se realizem em instâncias claramente institucionalizadas, nem sejam dirigidas por sujeitos determináveis. Refletem-se, por exemplo, em conhecimentos, experiências, modos de pensar; na determinação de oportunidades de trabalho ou nas opções sobre modalidades de qualificação profissional; na conformação a modelos de normalidade social, regras de convivência; princípios norteadores da conduta; na adoção de idéias políticas, tudo repercutindo no desenvolvimento da personalidade. Os estudos sobre educação e prática social, educação e trabalho, currículo e sociedade, educação e reprodução social, currículo explícito e currículo oculto são mostras do impacto dos elementos informais da educação nos processos educativos individuais.

Todavia, se não cabe identificar prática educativa apenas com suas manifestações institucionalizadas e formalizadas, também não cabe minimizar a escola. Quando falamos em *formação* — construção do homem, desenvolvimento da consciência crítica, desenvolvimento de qualidades intelectuais —, referimonos a atos intencionados, objetivos explícitos, certo grau de direção e estruturação, o que não ocorre em contextos não-intencionais. Exatamente por causa da importância dos processos educativos informais é que se postula a necessidade da educação intencional. Ou seja, a tomada de consciência dos influxos sobre os educandos do contexto global da vida social requer da prática educativa uma intencionalidade, isto é, processos orientados explicitamente por objetivos e baseados em conteúdos e meios dirigidos a esses objetivos. O problema é saber como tais processos podem ser transformados em atos conscientemente orientados ao assumir modalidades de educação formal e não-formal. Nesse caso, cumpre destacar, no âmbito específico da educação escolar, a necessidade de investigação dos efeitos dos elementos informais da educação nos processos cognitivos e, principalmente, como tais elementos impregnam a própria natureza dos conteúdos e métodos de ensino. Nessa medida é que se pode encaminhar efetivamente a formação científica em função da consciência crítica, para além da conformação dos sujeitos ao que lhe impõe o meio social. É nisto que se empenha uma pedagogia crítico-social.

Setorização dos serviços educacionais

Nos tópicos anteriores, tentamos explicitar um entendimento dos significados e extensões do termo *educação*, bem como as modalidades em que se manifesta a prática educativa, sem perder de vista a necessária visão globalizante da questão. Trata-se, agora, de distinguir setores, instâncias, em vista da estruturação e organização das esferas que constituem os serviços educacionais. Nosso propósito é tão-somente colocar algumas questões referentes à articulação entre as modalidades de educação (informal, não-formal, formal) e a integração entre educação-instituição, educação-produto e educação-processo, já que o sistema educativo não pode desvincular-se do sistema econômico, sistema produtivo, sistema cultural etc.

Comecemos pela noção de sistema. Este termo indica um conjunto articulado e coordenado de princípios, instituições, estruturas, processos, para atingir determinados objetivos. O sistema educacional, assim, compreende o conjunto de instituições educativas intencionais, com certo grau de organização, de tipo formal ou não-formal. Inclui princípios filosóficos, éticos, políticos, leis e orientações normativas, aplicáveis à variedade de modalidades e instituições educativas.

Que modalidades e instituições integram, efetivamente, um sistema educacional? Se é possível prever uma setorização da educação não-formal e formal, pode-se fazer o mesmo com a educação informal? Conforme vimos anteriormente, na sociedade estão presentes processos educativos informais, espontâneos, difusos, envolvendo práticas de socialização sem o caráter de institucionalidade e intencionalidade. Tais processos impregnam todas as esferas do educativo, mas é problemático tentar setorizá-los. Por outro lado, é fato que certas funções educativas vão se diferenciando e se especializando, concentrando-se em instituições e formando sistemas e subsistemas (caso típico das tarefas de ensino). Ao falarmos, pois, de *sistema educacional*, não cabe incluir as funções educativas não institucionalizadas, informais, não-intencionais. Todavia, nem por isso um sistema educacional se reduz à educação "formal", já que existem instituições educativas de caráter não-formal, não convencional, nas quais há intencionalidade e certo grau de institucionalização e organização. Cumpre, assim, demarcar o entendimento de que sistema educacional compreende ações educativas que guardam o caráter de intencionalidade e institucionalidade, de tipo formal e não-formal. Com esse grau de abrangência, vê-se que não cabe identificar sistema educacional e sistema de ensino. Portanto, uma lei que regula o ensino no país não deveria ser denominada "Lei de Diretrizes e Bases da Educação Nacional", pois, via de regra, ela se refere apenas ao ensino. Nesse caso, caberia a dúvida se o Estado pode normatizar sobre a educação nacional, uma vez que esta incluiria a educação na família, nos locais de trabalho, nos movimentos sociais, nos meios de comunicação de massa, nos partidos, nos sindicatos, nas organizações comunitárias etc.

Vê-se que a setorização do sistema educacional é uma tarefa complexa. A dificuldade está em situar as modalidades de educação em instituições em função das ações educativas específicas que empreendem e em como elas se articulam. Com efeito, embora tenhamos atribuído ao sistema educacional a intencionalidade e a institucionalidade, é forçoso reconhecer que nem tudo o que é intencional converte-se obrigatoriamente em institucional; e o que é intencional não prescinde, por sua vez, dos elementos informais da educação.

Todavia, arriscamos propor uma setorização, ainda que esquemática, numa tentativa de explicitar a interpenetração entre a educação informal, não-formal e formal, conforme instituições que as implementam e ações educativas que as operacionalizam.

EDUCAÇÃO INFORMAL ←→ EDUCAÇÃO FORMAL

EDUCAÇÃO NÃO-FORMAL

EDUCAÇÃO INFORMAL	EDUCAÇÃO NÃO-FORMAL	EDUCAÇÃO FORMAL
processos sociais de aquisição de conhecimentos, hábitos, habilidades, valores, modos de agir etc., não intencionados e não institucionalizados	organizações políticas, profissionais, científicas, culturais etc. educação cívica educação ambiental agências formativas para grupos sociais específicos meios de comunicação de massa propaganda	Ensino (convencional e não-convencional): escolas, cursos de aperfeiçoamento, treinamento etc.

família
igreja
trabalho

sindicatos
partidos
educação de adultos
escolas maternais
creches
formação profissional
extensão rural
atividades escolares extra-classe

ARTICULAÇÃO

O gráfico mostra as possibilidades de integração e articulação entre as modalidades de educação e as instituições correspondentes. Colocamos num extremo a educação informal, no outro a educação formal e, no meio, a educação não-formal. Por ser esta um tipo intermediário, tem conexões muito próximas com as outras duas, porém, distinguindo-se da primeira por implicar ações educativas intencionais e deliberadas e com um grau mínimo de organização, e da segunda, por realizar-se fora do âmbito do escolar convencional, ainda que nem por isso escape de certa "formalidade". Como vimos, a educação formal e não-formal são sempre perpassadas pela educação informal; dado o caráter intencional daquelas, cabe-lhe contemplar nas ações educativas, objetivos, conteúdos e métodos que considerem, criticamente, as múltiplas influências configuradoras provindas no ambiente natural e sociocultural. Por sua vez, educação formal e não-formal interpenetram-se constantemente, uma vez que as modalidades de educação não-formal não podem prescindir da educação formal (escolar ou não, oficiais ou não), e as de educação formal não podem separar-se da não-formal, uma vez que os educandos não são apenas "alunos", mas participantes das várias esferas da vida social, no trabalho, no sindicato, na política, na cultura etc. Trata-se, pois, sempre, de uma interpenetração entre o escolar e o extra-escolar.

Estas considerações não esgotam a questão da setorização. Uma análise mais completa implicaria a discussão da política educacional e da articulação do sistema educacional e seus subsistemas com o sistema econômico, sistema produtivo, sistema cultural e outros, questões que já têm merecido estudos de outros autores.

Educação, objeto de estudo da Pedagogia

Se, como vimos, a prática educativa é um fenômeno constante e universal inerente à vida social, se é um âmbito da realidade possível de ser investigado, se é uma atividade humana real, ela se constitui como objeto de conhecimento, pertencendo essa tarefa à Pedagogia que é, por isso, teoria e prática da educação. A Pedagogia investiga os fatores reais e concretos que concorrem para a formação humana, no seu desenvolvimento histórico, para daí extrair objetivos sociopolíticos e formas de intervenção organizativa e metodológica em torno dos processos que correspondem à ação educativa. Vimos, também, que a educação é uma realidade que se modifica enquanto fenômeno social e histórico, em face da dinâmica das relações sociais, econômicas, políticas culturais. Por conseqüência, o movimento, a transformação da realidade educativa, leva também a mutações na Pedagogia, cabendo-lhe orientar a prática educativa conforme exigências concretas postas pelo processo de conquista da humanização em cada momento do processo histórico-social. Com isso, diante das mutações da educação, ela vai propondo novos objetivos e conteúdos da educação. Como diz Suchodolski (1976: 19), "a Pedagogia, em certo sentido, cria seu próprio objeto analítico, porquanto interfere na atividade educativa e forma seu conteúdo" e, por isso, pode ser "ciência sobre a atividade transformadora da atividade educativa".

A Pedagogia não é o único campo do conhecimento que tem a educação como objeto de estudo. Outras ciências como a Sociologia, a Psicologia, a Economia, a Lingüística ocupam-se de problemas educativos. O fato de a educação ser analisada sob vários enfoques — exigência posta pela própria natureza do fenômeno educativo — tem levado alguns teóricos a postularem a existência de *ciências da educação*, que substituiriam a Pedagogia. Entretanto, cada uma dessas ciências aborda o fenômeno educativo sob a perspectiva de seus próprios conceitos e métodos de investigação. Entendemos que a Pedagogia é uma das ciências da educação, mas se distingue delas por estudar o fenômeno educativo na sua globalidade. É verdade que ela recorre a conceitos e métodos de outras ciências, enquanto busca instituir seus próprios. Todavia, é um campo de estudos com identidade e problemáticas próprias. Cabe-lhe integrar os enfoques parciais dessas diversas ciências, em função de uma aproximação *global* e intencionalmente dirigida aos problemas educativos (Visalberghi, 1983: 265).

Mas convém insistir, ainda, que o educativo não se reduz ao escolar. A educação é um fenômeno social inerente à constituição do homem e da sociedade, integrante, portanto, da vida social, econômica, política, cultural. Trata-se, pois, de um processo global entranhado na prática social, compreendendo processos formativos que ocorrem numa variedade de instituições e atividades (sociais, políticas, econômicas, religiosas, culturais, legais, familiares, escolares), nas quais os indivíduos estão envolvidos de modo necessário e inevitável, pelo simples fato de existirem *socialmente*.

Falamos, pois, de práticas educativas, educações, que ocorrem em diferentes instâncias (familiar, social, profissional, escolar, meios de comunicação social etc.), mediante distintas formas (intencional/não-intencional, formal/não-formal, escolar/extra-escolar, pública/privada). Por conseqüência, a toda prática educativa intencional corresponde uma pedagogia, pelo que falamos também em pedagogias: familiar, profissional, sindical etc.

Educação escolar, Pedagogia escolar

A educação escolar representa uma manifestação peculiar de prática educativa, compartilhando de outras práticas educativas confluentes. Constitui-se, assim, a Pedagogia escolar, destinada a investigar fatos, processos, estruturas, contextos, problemas, referentes à educação escolar, isto é, à instrução e ao ensino.

A educação escolar que, como veremos adiante, é uma instância de educação formal, não pode eximir-se da interação com outras modalidades de educação (informal e não-formal). Considere-se, por exemplo, a ação dos meios de comunicação social que exerce forte concorrência com a educação escolar. Ao lado, portanto, de seu caráter específico de dedicar-se à instrução e ao ensino, para isso convergindo sua organização interna, sua diferenciação por graus, seus procedimentos específicos, há que se ver que a educação escolar assume atributos que a aproximam de outras instituições e atividades fora de seu marco próprio. Essa constatação põe a exigência de que os objetivos, os conteúdos, os métodos se abram para relações mais amplas entre o indivíduo e o meio humano, social, físico, ecológico, cultural, econômico. Não é o caso de minimizar seu papel na transmissão e assimilação ativa de saberes, mas de diversificar suas formas de atuação. Isso implica maior interação entre a instituição escolar e comunidade local, regional, nacional, ligando o mundo exterior ao cotidiano escolar e tornando mais eficaz sua própria contribuição ao mundo exterior pelo desempenho de suas tarefas específicas. Foi o que analisamos, anteriormente, quando mostramos como a prática educativa se manifesta na sociedade mediante distintas modalidades e diferentes instâncias.

* * *

Os propósitos deste texto talvez tenham sido ambiciosos demais, dada a complexidade do tema, o caráter multifacetado do fenômeno educativo e, certamente, o fato de a Pedagogia não dispor de uma precisa estruturação formal de conceitos, o que também ocorre com as demais ciências humanas. Todavia, isso não poderia ser um impedimento para a busca de mais precisão conceitual, mais rigor nas definições e maior refinamento metodológico na investigação, tarefa a que precisam dedicar-se os interessados no estudo da teoria da educação. Além do mais, procurou-se acentuar as relações necessárias das instituições educativas com os contextos econômico, político, cultural, para ver seus processos e seus produtos como ingredientes imersos na reprodução social. As questões que tratamos envolvem outras análises, a partir de uma variedade de enfoques, que possibilitarão investigações mais minuciosas do tema.

Post-Scriptum

Este texto foi publicado pela primeira vez em 1992 e seu objetivo não declarado era desfazer um falso entendimento que vinha se propagando em alguns lugares de que a pedagogia crítico-social dos conteúdos exagerava na defesa da escola convencional e dos conteúdos escolares, sem considerar o contexto social mais amplo. A crítica vinha, principalmente, de dois segmentos: um, de educadores "populares" que preferiam enaltecer o papel dos movimentos sociais e da educação popular em contraposição à escola pública oficial; outro, de intelectuais vinculados à Sociologia da Educação que viam naquela proposta pedagógica certa dificuldade em captar as implicações ideológicas e as relações concretas de poder envolvidas na seleção, organização e distribuição do conhecimento escolar. Mas, a partir dessas críticas, era inevitável reconhecer que sociólogos da educação, economistas da educação, filósofos da educação, com as devidas exceções, analisavam a prática escolar, falavam dela, faziam sua crítica mas não lidavam concretamente no cotidiano da escola e da sala de aula. Enquanto isso, eram os pedagogos e professores que precisavam compreender melhor a natureza do fenômeno educativo e suas exigências de exercício profissional, tais como administrar escolas, formular objetivos e conteúdos, organizar procedimentos didáticos, enfrentar dificuldades de aprendizagem dos alunos, reunir pais de alunos etc. A intenção do artigo era, pois, tentar dissolver os mal-entendidos, os eventuais vieses de pedagogismo, as distorções de leitura, e, ao mesmo tempo, defender o espaço da Pedagogia como campo específico da prática escolar concreta, em conjunção com as outras ciências sociais.

O texto investiu, assim, na explicitação dos objetivos e conteúdos da educação, partindo de uma noção ampliada do termo e ressaltando a inserção das práticas educativas na dinâmica das relações sociais concretas. Examinou as modalidades da educação (formal, não-formal, informal) como um caminho para se obter maior compreensão dos ingredientes externos e internos do processo educativo. Formulou um entendimento das relações entre a Pedagogia e as demais ciências da educação, tentando combater os reducionismos.

É certo que vem ocorrendo hoje uma reviravolta em todos os campos investigativos que afetam a educação seja no âmbito conceitual seja no âmbito da realidade. Os educadores vêm assumindo diferentes posicionamentos quando se trata de pensar a realidade educacional com as idéias da modernidade ou da teoria social pós-moderna ou com ambas. Uns se declaram ainda "modernos" e entendem que o chamado tempo "pós-moderno" não é mais que o desdobramento de projetos e promessas da modernidade. Outros assumem uma posição de ruptura com a modernidade e suas categorias dominantes como razão, ciência, progresso, autonomia, universalidade. Um terceiro grupo insere-se na modernidade, sustenta um compromisso com uma razão emancipatória e com outros valores modernos, mas admite que vivemos, de fato, novos contextos, novas realidades e investe na crítica do projeto moderno.

Mas, se se trata de incorporar itens da agenda pós-moderna dentro, ainda, do projeto moderno, que referenciais e que critérios adotar? Boa parte dos educadores desconhece essa questão, enquanto outros encontram-se ou assustados ou ávidos por aderir a uma moda. Por exemplo, há que se reconhecer no meio educacional certa mania de transposição de idéias de outras culturas, de assunção de modismos, de privilegiamento de temas arbitrariamente eleitos, de perda ou desprezo de referências teóricas clássicas. Para se superar isso, será útil insistir na investigação sobre o campo conceitual da Pedagogia para uma compreensão mais precisa do fenômeno educativo, com a contribuição não enviesada das outras ciências sociais e incorporando as recentes pesquisas de natureza interdisciplinar. Isso só se tornará viável buscando maior verificação empírica possível, portanto, com o suporte da investigação da prática pedagógica. Mas é certo, também, que a Pedagogia não pode ficar presa ao referencial conceitual "moderno" e, por isso, precisa reconfigurar ou reconceitualizar seus temas diante das novas realidades do trabalho produtivo, dos avanços tecnológicos, na mudança dos paradigmas do conhecimento, das mudanças no entendimento das formas de vida política e da democracia, das recentes pesquisas sobre inteligência humana etc.

Tais questões não poderiam ter aparecido neste texto quando foi escrito, pois à época havia bem mais certezas do que hoje tanto entre os pedagogos como entre os sociólogos, psicólogos e filósofos. Entretanto, uma teoria pós-moderna da educação (ou como se queira chamá-la) não poderá deixar de considerar certos processos que fazem parte do núcleo da realidade educativa, tais como: o desenvolvimento humano, a formação cultural e científica, a formação dos processos do pensar, a ajuda à adaptação "aberta" às exigências sociais, o vínculo com as várias formas de manifestação da cultura, a socialização metódica, a ação política e transformadora da realidade, a formação ética e emocional. Não seria compatível com a prática pedagógica — que visa à formação integral para exigências ampliadas da sociedade contemporânea — que os educadores restringissem sua ação a temas parciais, elegendo arbitrariamente um daqueles processos como sintetizadores dos demais. Todavia, isso tem ocorrido com temas como cultura, linguagem, poder, desejo, diferença, interdisciplinaridade, corporeidade, ética etc. Proponho que nada disso fique de fora, mas que se renuncie à tentação de substituir uma coisa pela outra e, ainda, a totalidade social pela singularidade, o universal pelo particular, o texto pelo contexto, o social pelo cultural, a linguagem analítica e formal pela linguagem representacional.

A formulação das três modalidades de prática educativa — informal, não-formal, formal — abordadas aqui na sua inter-relação, ganha hoje novas configurações com o impacto mais decisivo de processos informais e não-formais nos processos formais. No texto, está antecipada a preocupação pela "necessidade de investigação dos efeitos dos elementos informais da educação nos processos cognitivos e, principalmente, como tais elementos impregnam a própria natureza dos conteúdos e métodos de ensino". Parece que o reclamo foi atendido mais cedo do que se poderia imaginar. A interseção da escola com as mídias e o aparato informacional é cada vez mais usual, pelo seu poder educativo, premendo os educadores a ajudarem os alunos a aprender a atribuir significado à informação e, portanto, dando mais peso aos meios de pensar para lidar com a informação midiatizada. Mas há, também, hoje, uma busca de pedagogização dos processos informais de educação. É verdade que os pedagogos da "educação popular" no Brasil e outros lugares da América Latina se anteciparam na idéia de construir espaços para ensinar nos processos espontâneos de aprendizagem, como foi o caso bem típico das comunidades de base da Igreja Católica. Essa tendência se amplia hoje para a multiplicidade de influxos da "escola paralela".

O que tem acontecido, pois, é a redução das diferenças entre o informal e o formal, certamente pelo impacto na sociedade das novas tecnologias da informação e da comunicação, da urbanização, da mudança no trabalho, pela acentuação da idéia de ensino como trabalho interativo etc. Com isso, práticas informais de educação (conversação eventual em situações e experiências cotidianas, interações em organizações comunitárias, animação cultural, educação sindical etc.) podem ser realizadas em classes para atividades de ensino, enquanto professores de escolas podem trabalhar informalmente em algumas atividades (buscar respostas a situações e experiências que surgem no cotidiano em atividades de esporte, arte, lazer, visitas, excursões etc). O que está acontecendo, portanto, é um alargamento do conceito de educação informal, envolvendo práticas conduzidas por conversação, em torno de oportunidades e situações do cotidiano, visando explorar e alargar a experiência das pessoas e podendo ocorrer em qualquer lugar. A distinção entre as três modalidades não se perde nem elas se descaracterizam na sua definição; o que muda é o adensamento do intercruzar cada vez mais explícito entre elas.

Vê-se que são inúmeras as questões que se põem no presente ao campo investigativo da Pedagogia. Em vários lugares do mundo, a Pedagogia como teoria prática da ação educativa vem retomando o interesse de pesquisadores, de modo que a temática proposta neste texto continua atual.

Referências bibliográficas

CHARLOT, Bernard. *A mistificação pedagógica*. Rio de Janeiro, Zahar, 1979.

CHATEAU, Jean. *Os grandes pedagogistas*. São Paulo, Companhia Editora Nacional, 1978.

CUNNINGHAM, William F. *Introdução à educação*. Porto Alegre, Globo/MEC, 1975.

DAVIS, Cláudia & OLIVEIRA, Zilma. *Psicologia na educação*. São Paulo, Cortez, 1990.

DEWEY, John. *Democracia e educação*. São Paulo, Companhia Editora Nacional, 1979.

DURKHEIM, Émile. *Educação e Sociologia*. São Paulo, Melhoramentos, 1967.

LIBÂNEO, José C. *Fundamentos teóricos e práticos do trabalho docente; estudo introdutório sobre Pedagogia e Didática*. Tese de Doutorado, PUC-SP, 1990.

LUZURIAGA, Lorenzo. *Pedagogia*. São Paulo, Companhia Editora Nacional, 1951.

MARX, Karl & ENGELS, Friedrich. *A ideologia alemã*. São Paulo, Hucitec, 1984.

MANACORDA, Mario A. *Marx e a pedagogia moderna*. São Paulo, Cortez, 1991.

MIALARET, Gaston. *As ciências da educação*. Lisboa, Moraes, 1976.

NASSIF, Ricardo. *Teoría de la educación; problemática pedagógica contemporánea*. Madrid, Editorial Cincel, 1980.

PLANCHARD, Émile. *A pedagogia contemporânea*. Coimbra, Coimbra Editora, 1975.

RIBEIRO, José Q. As formas do processo educacional, in: PEREIRA, L. & FORACCHI, M. A., *Educação e sociedade*. São Paulo, Companhia Editora Nacional, 1965.

SEVERINO, Antonio J. *Educação, ideologia e contra-ideologia*. São Paulo, EPU, 1986.

SUCHODOLSKI, Bogdan. *A pedagogia e as grandes correntes filosóficas*. Lisboa, Livros Horizonte, 1984.

______. *La educación humana del hombre*. Barcelona, Laia, 1976.

VISALBERGHI, Aldo. *Pedagogia e scienze dell'educazione*. Milano, Arnoldo Mondadori Editore, 1983.

CAPÍTULO IV

EDUCAÇÃO: PEDAGOGIA E DIDÁTICA — O campo investigativo da pedagogia e da didática no Brasil: esboço histórico e buscas de identidade epistemológica e profissional

O objetivo deste texto é o de argumentar em favor da unidade entre os campos do educativo, do pedagógico e do didático, para concluir pelo reconhecimento da didática como disciplina pedagógica. Depois de considerações de cunho histórico sobre o desenvolvimento dos estudos pedagógicos no Brasil, propõe-se uma fundamentação teórica da ciência pedagógica dentro da abordagem crítico-social da educação, situando a didática como ramo do conhecimento pedagógico. O texto está organizado em quatro tópicos. O primeiro discute a problemática epistemológica do campo do conhecimento pedagógico. O segundo analisa momentos da história da educação que demarcam o desenvolvimento da ciência pedagógica no Brasil. O terceiro trata da ciência pedagógica e seu objeto de estudo — a prática educativa em contextos sociais determinados —, explicitando os fundamentos pelos quais a didática constitui-se como disciplina genuinamente pedagógica. O artigo é concluído com uma avaliação da problemática dos estudos pedagógicos em face de novos marcos teóricos da contemporaneidade.

A problemática da identidade do campo do conhecimento pedagógico

A discussão sobre a identidade científica dos estudos relacionados com a educação poderia ser simplificada se bastasse definir os termos. Com efeito, educação seria concebida como uma prática social caracterizada como ação de influências entre os indivíduos e grupos, destinada à configuração da existência humana; Pedagogia, a ciência que estudaria esse fenômeno em suas peculiaridades, e a didática um ramo da ciência pedagógica. A argumentação seria, também, mais simples se tomássemos a educação apenas como educação escolar e a Pedagogia apenas como Pedagogia escolar, entendimento, aliás, bastante comum no Brasil.

O caminho, todavia, deve ser outro. Não tem havido consenso em torno dessas definições entre os estudiosos ligados às várias disciplinas que têm a educação como um de seus objetos de estudo (sociologia, psicologia, história, filosofia, por exemplo). A teorização dos problemas educativos, devido à natureza interdisciplinar da educação, tem sido fértil em reducionismos, dificultando uma unidade conceitual e metodológica. Intelectuais ligados a algumas das disciplinas especializadas insistem em negar identidade científica à Pedagogia, mesmo desconhecendo o seu campo teórico e sua problemática; outros julgam que somente sua área pode postular um discurso científico sobre educação. É comum, em nosso país, a pergunta: para que serve a Pedagogia? Essas dificuldades não impedem, todavia, de se reconhecer a falta de tradição teórica dos estudos propriamente pedagógicos, a falta de "massa crítica" no segmento de pedagogos de profissão, a assimilação passiva das críticas provenientes de setores intelectuais mais distanciados da prática cotidiana da Pedagogia escolar, a desvalorização social e econômica da profissão docente levando à deterioração do exercício profissional, ingredientes esses que podem estar explicando a desqualificação acadêmica da área.

Tantas vicissitudes e dificuldades em torno da identidade do campo de estudos da Pedagogia estão a requerer maior esforço de investigação. Por um lado, a trajetória histórica da ciência pedagógica no Brasil é oscilante por conta de distintas influências externas e das características que nortearam a configuração do nosso pensamento educacional. Por outro, questões relevantes não podem ser desconsideradas — entre elas, o descaso com que a educação é tratada pelos governos, cujas conseqüências se refletem nos salários, na carreira, na formação do magistério; o enfraquecimento do campo profissional do educador escolar, gerando baixo poder de reivindicação de direitos e fragilidade dos movimentos reivindicatórios; o corporativismo no âmbito das ciências da educação, pelo qual os profissionais postulam cientificidade à sua área, mas não às outras, para ganharem prestígio e espaço de exercício profissional.

Mas, a quem interessa a discussão sobre o campo teórico da Pedagogia e da Didática? No meio educacional brasileiro, hoje, registram-se as reações mais variadas em relação à Pedagogia e à Didática. Enquanto os que "praticam" a educação escolar estão distantes da discussão teórica e mais interessados no "como fazer", há um segmento de pedagogos que querem dar um fundamento teórico à prática e lutam por um espaço acadêmico e profissional. Entre os que criticam a Pedagogia, aludindo à sua falta de serventia, há uns efetivamente interessados numa discussão do campo científico e epistemológico da educação, ainda que se recuse denominar esse campo de *Pedagogia*. Como em todo lugar e em todas as áreas de conhecimento há, também, intelectuais que emitem pontos de vista com base em informações ou observações empíricas da vivência cotidiana, sem conhecimento mais aprofundado dos fundamentos da Pedagogia, cujas opiniões acabam sendo legitimadas por conta do *status* que detêm na opinião pública.

O presente texto pretende focalizar essas questões, com o objetivo de tomar posição sobre a especificidade do conhecimento pedagógico e as peculiaridades do exercício profissional do pedagogo.

A educação como objeto de estudo

Não há, certamente, objeções sérias quanto à afirmação de que a educação é um fato da vida individual e social, constituindo-se, como tal, em objeto de estudo e formando um campo de investigação. Tratando-se de fenômeno da realidade histórico-social, o processo educativo é abordado sob diferentes perspectivas de análise, fato esse decorrente do caráter pluridimensional da educação. A questão é saber a que área ou áreas de conhecimento estão afetos o estudo e a investigação desse campo, razão pela qual se fala ora em Pedagogia, ciência pedagógica, ciência da educação, ciência educativa, ora em ciências da educação.

Há razões para se perguntar se a Pedagogia cobre os requisitos para qualificar de "científico" os conhecimentos de que trata, mesmo porque não há unanimidade a respeito do conceito de ciência. As discussões sobre seu estatuto científico giram em torno das seguintes dificuldades:

- a educação é uma tarefa prática, situando-se mais no campo da arte e da intuição do que no da especulação científica;
- os fenômenos educativos são singulares, o que impede extrair deles leis científicas generalizáveis; conseqüentemente, as explicações "pedagógicas" seriam frágeis e incompletas;
- a Pedagogia ocupa-se de finalidades e valores, não passíveis de análise científica;
- a educação é objeto de várias ciências, não cabendo à Pedagogia exclusividade no trato das questões educativas.

Tais questionamentos são, em boa parte, semelhantes aos que se fazem a outras ciências sociais. Seria demorado tentar contestar detalhadamente as objeções levantadas; consideremos apenas alguns aspectos. Não é incomum no Brasil, como em outros países, designar a Pedagogia apenas como campo de aplicação de conhecimentos científicos de outras áreas, isto é, como tecnologia (no sentido de ser um saber técnico, aplicação sistemática de conhecimentos científicos para resolver problemas práticos). Que a educação seja uma atividade prática não restam dúvidas; como tal, todavia, pode realizar-se de maneira artesanal, improvisada, ou seguir leis e princípios explicativos decorrentes da investigação científica. Além do mais, não é mais tempo de se opor conhecimento teórico e conhecimento prático. Quanto à singularidade dos fenômenos humanos, ela existe; mas isso não impossibilita a ocorrência de regularidades que possam gerar leis explicativas, por mais que essas leis, no caso da educação, não impliquem uma predição exata de prescrições ou aplicações absolutamente objetivas. É sempre pertinente discutir se uma ciência pode livrar-se de valores — há os que dizem que os cientistas se ocupam de fatos, não de valores —, já que a Pedagogia não tem como eximir-se de sua conotação ético-normativa. Quanto à última objeção, a discussão parece estar já exaurida. Com efeito, a pluridimensionalidade do fato educativo levou à recorrência de um conjunto de saberes que é o que se denomina hoje de "ciências da educação". Permanece, todavia, a polêmica questão: a Pedagogia seria uma das ciências da educação ou ela seria substituída pelas ciências da educação?

Pedagogia, ciência da educação ou ciências da educação?

Consideremos, a seguir, alguns posicionamentos surgidos ao longo da história a respeito do estudo científico da educação e das possibilidades de organização do conhecimento pedagógico. Parece haver, efetivamente, quatro concepções: 1) pedagogia, única ciência da educação, i.e., Pedagogia geral; 2) ciência da educação (em que desaparece o termo "Pedagogia"); 3) ciências da educação (excluindo a Pedagogia); 4) ciências da educação (incluindo a Pedagogia).

1) Na primeira posição, defende-se a unicidade da ciência pedagógica. A Pedagogia seria a única ciência da educação, as demais ciências chamadas "auxiliares" seriam ramos da Peda-

gogia, ou seja, ciências pedagógicas. Daí falar-se de uma Pedagogia geral, denominação bem ao gosto dos pedagogos clássicos alemães, já que Herbart foi o primeiro defensor da autonomia da Pedagogia, tendo também exercido considerável influência na Pedagogia católica.[1] Essa posição é criticada por pretender exclusividade no tratamento científico da educação. Na verdade, o avanço das ciências humanas e sociais tem levado a considerar a realidade educativa como pluridimensional, resultando ser impróprio destacar uma disciplina que postule tal exclusividade.

2) A segunda concepção refere-se à "ciência da educação" no singular, num enfoque positivista de ciência bastante impregnado da idéia de experimentação educacional, por um lado, e da tecnologia educacional, por outro. No primeiro caso, o uso dessa denominação indica a aplicação ao campo educativo de princípios científicos incorporados de outras ciências, como pode ser caracterizada a tradição da psicologia experimental francesa e a concepção de Dewey (1968). No segundo caso, a ciência da educação é o suporte científico da tecnologia educacional, isto é, aplicação das teorias de aprendizagem comportamentalistas e sistêmicas à prática de ensino, concepção de larga aceitação em países sob influência norte-americana (por ex., Von Cube, 1981). Em ambas as correntes, a visão cientificista do fenômeno educativo dilui o caráter ético-normativo sempre associado ao termo *pedagogia,* precisamente porque valores e fins da educação não podem ser inferidos cientificamente. Daí falar-se em *ciência da educação* e não em Pedagogia. Entendemos não ser casual que nos países anglo-saxões se empregue o termo *educação* para designar o que em outros lugares se conhece como *Pedagogia.*

3) A denominação "ciências da educação" está bastante difundida em vários países como França, Itália, Alemanha, Espanha, Portugal. A educação é objeto de estudo de um conjunto de ciências e, em alguns lugares, desaparece o campo de

1. Um dos mais importantes pedagogos católicos, Otto Willmann foi seguidor da pedagogia de Herbart.

conhecimento conhecido por Pedagogia, embora não seja essa uma posição unânime. Gaston Mialaret (1976), autor francês de renome e um dos principais articuladores dessa tendência, informa que as "ciências da educação", em substituição aos estudos sistemáticos de pedagogia, foram introduzidas nas universidades francesas em 1967. A despeito do fato de que tal denominação venha se impondo nos últimos anos, é criticada por provocar dispersão no estudo da problemática educativa, levando a uma postura pluridisciplinar ao invés de interdisciplinar. Ou seja, a autonomia dada a cada uma das ciências da educação leva a enfoques parciais da realidade educativa, comprometendo a unidade temática e abrindo espaço para os vários reducionismos (sociológico, psicológico, econômico...), como aliás a experiência brasileira tem confirmado.[2]

4) A quarta concepção adere à denominação "ciências da educação", em que cada uma toma o fenômeno educativo de um ponto de vista específico, mantendo-se, todavia, a Pedagogia como uma dessas ciências. Conforme esse ponto de vista, a pluridimensionalidade do fenômeno educativo não elimina sua unicidade, que permite "estabelecer um corpo científico que tem o fenômeno educativo em seu conjunto como objeto de estudo, com a finalidade expressa de dar coerência à multiplicidade de ações parcializadas" (Sarramona & Marques, 1985: 56). Nessa concepção, a Pedagogia promove uma síntese integradora dos diferentes processos analíticos que correspondem a cada uma das ciências da educação em seu objeto específico de estudo. Ou ainda, a Pedagogia apóia-se nas ciências da educação sem perder sua autonomia epistemológica e sem reduzir-se a uma ou outra, ou ao conjunto dessas ciências.

---

2. O próprio Mialaret reconhece esse risco ao comentar o desenvolvimento desigual e separado entre os domínios das ciências da educação: "(...) basta que uma obra importante ou original marque um dos domínios para que, no espírito de muitos dos nossos contemporâneos, as ciências da educação sejam identificadas com esse domínio" (1976: 91). No Brasil, para citar um exemplo entre muitos, foi o que ocorreu com a obra de Bourdieu desde meados dos anos 70 e, no geral, com a Sociologia da Educação.

Essa última posição é a que adotamos, por assegurar o caráter multidimensional e interdisciplinar do fenômeno educativo sem descartar o caráter peculiar da Pedagogia e da tradição de seus estudos. Autores de vários países tendem a aderir a essa posição. O italiano Visalberghi adota a expressão *ciências da educação*, mas denomina seu livro de *Pedagogia e ciências da educação* (1983) para indicar que "o eixo do livro é o exame da relação entre os dois termos, não somente numa dimensão histórica, mas também de um ponto de vista funcional atual pelo qual é bem legítimo falar ainda de pedagogia para indicar a aproximação mais geral e intencionalmente voltada aos problemas educativos". Sarramona & Marques (1985: 56) advogam o papel da Pedagogia na pluralidade das ciências da educação:

> Advirta-se que a polifacética dimensão do fenômeno educativo não pode eliminar sua unicidade enquanto tal, sob o risco de perder sua justificação como processo objeto de estudo científico. Tal unicidade permite estabelecer um corpo científico que tome o fenômeno educativo em seu conjunto como objeto de estudo, com a finalidade expressa de dar coerência à multiplicidade de ações parcializadas; trata-se, em suma, de elaborar uma síntese integradora dos diferentes processos analíticos que correspondem a cada uma das ciências da educação, em seu objeto — dimensão da educação — específico de estudo.

O educador português Estrela é bastante explícito quanto aos equívocos trazidos pela utilização da expressão *ciências da educação*, seja pela falta de elucidação da problemática que a expressão envolve, seja pela sua vulgarização como substituto do termo *pedagogia*. Após reconhecer as dificuldades da Pedagogia em alcançar um autêntico estatuto científico, afirma:

> A necessidade de cientificação tem levado o interventor pedagógico a recorrer a conceitos e a métodos das ciências já constituídas, que poderão ter aplicação no seu campo específico, o da Educação. A Psicologia, a Psicanálise, a Sociologia, a Psicossociologia, a Economia têm representado as principais ciências de recurso. Normalmente seus diagnósticos são seguros, as hipóteses emitidas são fecundas. No entanto, seu valor

> para o professor ou para o investigador pedagógico é, quase sempre, diminuto ou mesmo nulo. Constituem análises paralelas à problemática que lhes é específica. Na verdade, quando o psicólogo trabalha no campo educacional, não faz (nem pode fazer) Pedagogia: aplica conceitos e métodos de sua ciência a um dos diversos campos da actividade humana, o da Educação. Os resultados são, pois, de ordem psicológica, como o seriam se o psicólogo exercesse sua acção no campo do trabalho, da clínica ou outro. O mesmo, evidentemente, se poderá dizer de outras ciências (1992: 12).

Em síntese, esses posicionamentos mostram que é apressada a atitude de alguns intelectuais em postular a eliminação da Pedagogia como campo de conhecimento teórico com relativa autonomia epistemológica. Mesmo autores que aderem à denominação "ciências da educação" são unânimes em reconhecer no seio delas um âmbito propriamente pedagógico como núcleo científico medular no tratamento do fenômeno educativo (Benedito, 1987; Sarramona & Marques, 1985; Mialaret, 1991; Visalberghi, 1983).

Com essas considerações, passamos a uma tentativa de verificar a ocorrência de cada um desses posicionamentos ao longo da história dos estudos pedagógicos no Brasil.

O desenvolvimento da ciência pedagógica no Brasil e o quadro atual

Têm sido numerosos os estudos sobre o curso de Pedagogia e os cursos de formação de professores no Brasil, principalmente a partir do final da década de 1970, quando o regime militar se vê forçado a propor a abertura política em face de dificuldades econômicas e políticas de se sustentar. Junto com o revigoramento das análises críticas da educação nacional, surgem estudos visando a propostas de reformulação do sistema de formação de educadores, principalmente por conta de se considerar o sistema político, até então vigente, produto de políticas antipopulares.

Tais estudos, no entanto, caracterizam-se ora como informação histórica sobre a criação dos cursos, diagnósticos sobre a situação do ensino e a preparação de docentes, ora como codificação da legislação ou análises sociológicas envolvendo o sistema de formação de educadores. São, assim, menos comuns os referentes a concepções norteadoras da Pedagogia como campo teórico específico, envolvendo a estrutura do conhecimento pedagógico e seus conteúdos, bem como a atividade propriamente pedagógica.[3] O propósito deste tópico é tecer algumas considerações introdutórias, ainda que de caráter exploratório, sobre as concepções referentes ao campo científico da educação vigentes nos vários momentos da história da educação brasileira, a partir de pesquisas já realizadas por outros autores.[4] Ou, por outra forma, como se desenvolveram os estudos de Pedagogia como campo autônomo de conhecimento científico, entendendo por "estudos de Pedagogia" a investigação científica sistemática da problemática educativa. Farei em seguida uma sucinta retrospectiva histórica da evolução dos estudos teóricos de Pedagogia, verificando a cada momento como supostamente estaria sendo encarada, de um ponto de vista epistemológico, a ciência pedagógica.

A questão tratada aqui pode ser sintetizada na seguinte formulação: os dilemas e impasses em torno da identidade

3. Reis Filho (1981) escreve que os estudos pedagógicos e, como parte deles, os da história da educação são recentes no Brasil, datando-os a partir do período 1930-40. O autor certamente refere-se a estudos sistematizados de história da educação, já que se tem conhecimento de manuais de pedagogia e do seu uso nas escolas na segunda metade do século XIX. Mas é verdade que é bastante modesto o volume de pesquisas sobre o desenvolvimento da Pedagogia no Brasil enfocando a natureza desse campo de conhecimento, seu objeto de estudo, seu estatuto científico, sua introdução nas escolas.

4. Utilizo-me, no geral, da periodização proposta por Saviani (1983: 33): até 1930: predomínio da tendência "humanista" tradicional (também conhecida por Pedagogia tradicional); de 1930 a 1945: equilíbrio entre as tendências "humanistas" tradicional e moderna; de 1945 a 1960: crise da tendência "humanista" moderna e articulação da tendência tecnicista; a partir de 1968: predomínio da tendência tecnicista e a concomitante emergência de críticas à Pedagogia oficial e à política educacional proposta para sua implementação.

da ciência pedagógica no Brasil, inclusive o exercício profissional do pedagogo, decorrem: a) da forma como tem ocorrido, ao longo da história da educação, a transferência e assimilação de paradigmas e modelos teóricos de outros contextos; b) da ausência de tradição de estudos especificamente pedagógicos, ou seja, relacionados com o campo científico da Pedagogia.[5]

O período áureo da Pedagogia tradicional

No período de predominância da Pedagogia tradicional — que vai dos jesuítas até os anos que precedem o lançamento do Movimento dos Pioneiros da Educação Nova —, o estudo da educação se faz a partir da idéia da unicidade da Pedagogia nos moldes, inicialmente, da influência católica e, depois, herbartiana e positivista. De fato, tanto para os pedagogos católicos como para os herbartianos, somente uma Pedagogia unitária pode formular um sistema orgânico de conceitos em torno dos fins e métodos da educação. Seu caráter de ciência unitária advém do seu objeto formal, a educação do homem em formação, mesmo considerando que seu objeto material seja comum a outras ciências. São chamadas ciências auxiliares aquelas que, remota e indiretamente, se relacionam com a Pedagogia. Há, todavia, um lugar privilegiado à filosofia. Segundo um pedagogo católico, é a filosofia que possibilita o perfeito conhecimento das leis que regem a vida mental e moral do homem: "Este conhecimento se há de buscar nas fontes racionais; são as três grandes ciências, a Ética, a Psicologia e a Lógica, partes constitutivas da Filosofia,

5. Não se fará um estudo exaustivo da questão, mas uma revisão sucinta da evolução dos estudos de Pedagogia no Brasil, com base em fontes secundárias. Um estudo mais aprofundado envolveria, ao menos, um levantamento de obras de teoria educacional publicadas no Brasil e de manuais de Pedagogia empregados nas escolas normais e faculdades de educação, bem como estudos sobre a natureza e o conteúdo da ciência da educação e sua metodologia de investigação conforme autores que se dedicaram a essa questão. O que está sendo apresentado aqui é um estudo exploratório para pesquisa de maior envergadura, em continuidade à temática desenvolvida em minha tese de doutorado.

que figuram em primeiro plano para nos levar à meta da maneira mais segura possível" (Anísio, 1955: 53).

Os estudos pedagógicos no tempo do Império realizam-se nos cursos de formação do magistério — as Escolas Normais. Entre 1835 e 1846, no período regencial (entre a abdicação de dom Pedro I e a declaração de maioridade de dom Pedro II), são criadas essas escolas no Rio de Janeiro, Bahia, Pará, Ceará e São Paulo. Mas era comum a introdução da disciplina Pedagogia nos liceus (escolas de nível médio). Todavia, foram instituições muito instáveis, improvisadas, pouco eficazes para atender sua função de formar professores primários (Brzezinski, 1994).

Nos anos finais do Império, desponta uma tomada de consciência da intelectualidade da classe média sobre as relações entre a educação e o desenvolvimento nacional (Penteado, 1984), mas pouco se faz de concreto. São propostos vários projetos de reforma do ensino mas, no geral, faltam-lhes base doutrinária sólida e uma política educacional satisfatória para a organização do ensino em âmbito nacional. Destaca-se a posição de Rui Barbosa que, relator de uma comissão nomeada pela Câmara dos Deputados, elabora dois famosos pareceres sobre a situação do ensino no Brasil (1882-83) que exercerão influência marcante na reformulação de práticas pedagógicas. Há autores, por exemplo Reis Filho (1981), que consideram esses pareceres impregnados de idéias ecléticas trazidas de países europeus e dos Estados Unidos, inspiradas em autores como Herbart, Pestalozzi, Comte.

Ao iniciar-se o período republicano por volta de 1889, desenvolvem-se condições propícias ao aparecimento de movimentos de renovação pedagógica e cultural. São encetadas reformas de ensino, muitas de caráter mais administrativo que pedagógico, cujos efeitos, porém, são modestos. Nem a reforma de Benjamim Constant de 1890, inspirada em idéias filosóficas e pedagógicas de Augusto Comte, consegue chegar a medidas concretas, especialmente na modificação das práticas de sala de aula. Nesse período destaca-se, todavia, a implantação da reforma republicana do ensino público paulista no período 1890-96. Sobre isso, escreve Reis Filho: "A organização escolar então implantada irá marcar duradouramente a evolução do ensino brasileiro, e não só do ensino paulista, pela influência que passou a exercer em outras unidades da federação" (1981: 5).

Esse período, com efeito, registra o aparecimento de uma literatura nacional sobre o ensino à base do que acontecia em países mais adiantados, já que "até por volta de 1870, a legislação do ensino brasileiro era fortemente modelada pela França" (id.: 37). Importa mencionar que, de acordo com o estudo desse autor, as teorias pedagógicas que dão suporte à reforma do ensino paulista baseiam-se no modelo da educação norte-americana, por sua vez inspirada na pedagogia européia de cunho naturalista-cientificista. Os reformadores do período consideravam inovação o método intuitivo inspirado em Pestalozzi (tal como difundido nos Estados Unidos) associado à psicologia das "faculdades mentais" em voga. Este é tipicamente o método "tradicional" que será criticado posteriormente pelos pioneiros da educação nova. As considerações do autor sobre a reorganização do ensino normal permitem encontrar claramente a influência de Herbart nas práticas de ensino (id.: 73) e há razões históricas para localizar aí, também, a influência positivista.[6] A formação profissional do professor incluía, no 4º ano do curso normal, uma única disciplina com caráter de fundamentação pedagógica: Pedagogia e direção de escolas. Todavia, não passava "de um conhecimento genérico de alguns conceitos da pedagogia européia do último quartel do século XIX" (id.: 181). Essa orientação terá se estendido até a década de 1930, quando já se consolida a influência dos pioneiros da educação nova.

---

6. O positivismo a que nos referimos aqui é o formulado por A. Comte, no qual ciência significa sistematização de conceitos a partir da experimentação. No caso da Pedagogia, significa conduzir o ensino a partir de fatos da ciência e com métodos objetivos. Não se trata do conceito de ciência proposto por Herbart e mesmo pelos católicos, em que os conceitos decorrem de pressupostos metafísicos. Verifica-se que, efetivamente, a Pedagogia desse período tem marcas acentuadas de ecletismo.

Em paralelo, desenvolve-se a Pedagogia católica.[7] No início do período republicano, a Igreja Católica já dispunha de escolas superiores e secundárias disseminadas pelo país, como também de editoras e gráficas, havendo uma difusão de manuais de Pedagogia para uso nas escolas normais. O interesse da Igreja Católica na educação é óbvio, e assim não poderia deixar de desenvolver uma atenção especial à Pedagogia e sustentar seu caráter de ciência unitária. Na concepção católica, filosofia e pedagogia andam juntas, de modo que a Pedagogia católica formulou uma filosofia de educação de caráter acentuadamente especulativo e normativo. No final do Império, cerca de 75% dos estudantes de ensino secundário estavam matriculados em escolas privadas, inclusive escolas normais, boa parte delas provavelmente pertencentes a instituições católicas.

Conclui-se, assim, que ao longo da Primeira República até por volta do início da década de 1920, em que predomina a Pedagogia tradicional (um misto de visões católica, herbartiana, pestalozziana e positivista), os estudos sobre educação sustentam-se na idéia da unicidade da Pedagogia, ou seja, ciência unitária da educação. A Pedagogia divide-se entre geral e especial, a primeira de cunho teórico-especulativo, geralmente firmada na filosofia; a segunda de cunho prático, aplicado, ocupando-se dos meios e métodos educativos. Há pedagogos que se referem a essas duas partes como sendo uma a Pedagogia propriamente dita, que estuda os princípios da educação, e outra, a didática, que estuda os elementos do ato educativo implicados na instrução. Não é por acaso, portanto, que nos currículos antigos aparece um curso em separado chamado de Didática.

---

7. Como se sabe, a sistematização da Pedagogia católica se deve aos jesuítas no século XVI, para sustentar a organização de seus colégios, destinados a cristianizar e civilizar o Brasil e implantados em todo o país ao longo dos séculos XVI e XVII. Em 1759, entretanto, foram expulsos, seus colégios fechados, com grande prejuízo para a organização do ensino na Colônia, instaurando-se o período das chamadas "aulas régias" que durou até o reinado de d. João VI, quando são criadas várias instituições culturais e escolas superiores.

A educação nova e a "ciência da educação"

A noção de Pedagogia como ciência unitária da educação começa a perder terreno com a introdução no Brasil do movimento da educação nova, iniciado na Europa no final do século XIX e logo expandido aos Estados Unidos, de onde vem, após a guerra de 1914, a influência mais forte na educação brasileira.

O ideário da educação nova começa a difundir-se mais acentuadamente nos anos 20, postulando novos objetivos, novos programas e métodos de ensino a partir de influências de movimentos sociais e políticos do século XIX e do desenvolvimento da biologia, psicologia e sociologia. As bases teóricas do escolanovismo europeu e norte-americano têm como suporte uma concepção científica da educação, no sentido de que os princípios e leis do processo educativo devem subordinar-se às exigências da verificação experimental dos fatos. Pode-se dizer que o movimento das escolas novas herdam o "cientificismo" cultivado desde o surgimento do positivismo, em contraposição ao caráter especulativo e metafísico da Pedagogia tradicional. Com efeito, a Pedagogia experimental, bastante desenvolvida na França na segunda metade do século XIX, ocupa-se com o estudo científico da criança, a metodologia científica de ensino, os fatores ambientais da educação, a elaboração de testes e medidas de desempenho intelectual e de aprendizagem. Desenvolve-se, pois, uma ciência da educação, ou melhor, uma ciência experimental da educação, distinta da Pedagogia de tipo abstrata e filosófica que vigorava até então.[8]

Dewey, um dos mais destacados teóricos da educação nova norte-americana, insurge contra as pedagogias que pretendem formar o espírito de fora para dentro. O que propõe, ao contrá-

8. Em 1898, Binet, psicólogo criador da primeira escala métrica sobre a inteligência, dizia: "A antiga pedagogia tem que ser abolida completamente porque está afetada de um vício radical: foi criada por invenção, procede mediante afirmações gratuitas, sustenta os fatos com exortações e prédicas; o termo que melhor a caracteriza é o verbalismo. A pedagogia nova tem que se fundamentar na observação e na experiência: em primeiro lugar, tem que ser experimental no significado científico da palavra" (Sarramona & Marques, 1985: 110).

rio, é uma concepção de processo educativo como atividade interna do sujeito em interação com o meio. Nesse sentido, tratar a educação com objetividade científica significa apreender as leis próprias do desenvolvimento humano, excluindo qualquer determinação eterna de fins educativos. Os fins são imanentes à ação do indivíduo. "O processo educativo não tem outro fim além de si mesmo: ele é seu próprio fim" (1979: 53). Ora, nesses termos, não há lugar para uma concepção unitária da Pedagogia que justamente acentua o caráter ético-normativo, portanto, finalidades e valores da formação. Para o progressivismo de Dewey, não existe esse campo de conhecimento chamado *Pedagogia*, mas uma ciência da educação a ser tratada com objetividade científica. Dispensa-se o caráter teleológico da educação em favor da descrição da realidade educativa em suas dimensões biológica, sociológica e psicológica. Em texto escrito em 1929, de acordo com sua concepção pragmatista, Dewey postula a existência da ciência da educação tendo como fonte primária as práticas educativas e, secundariamente, as ciências humanas que lhes dão suporte. Ele escreve:

> (...) as práticas educativas oferecem material que coloca problemas de tal ciência, enquanto as ciências já desenvolvidas num bom estado de maturidade são as fontes das quais se obtém material para tratar intelectualmente destes problemas. *Não existe uma ciência independente especial da educação.* (...) Mas o material obtido de outras fontes oferece o conteúdo da ciência da educação quando se dirige a problemas que surgem nesta (Dewey, 1968: 38 — grifo meu).

A prática educativa é, assim, a fonte para os "problemas" com os quais a ciência da educação lida, não para o seu conteúdo próprio, pois a ciência da educação não tem conteúdo independente, ou seja, não cabe uma Pedagogia geral. As fontes do conteúdo realmente científico encontram-se em outras ciências humanas, especialmente, na biologia, psicologia e sociologia (id.: 44).

São essas as características do que se poderia chamar, genericamente, de progressivismo pedagógico, orientação que acaba por ganhar hegemonia no Brasil, ao menos até 1945. Sob essa inspiração, desenvolve-se um amplo movimento de renovação escolar de conotação liberal, reunindo nomes como Anísio Teixeira, Fernando de Azevedo, Lourenço Filho, Paschoal Lemme e outros, em torno da idéia de reconstrução educacional para o desenvolvimento social e econômico do país. Esses intelectuais lançam em 1932 o "Manifesto dos Pioneiros da Educação Nova", em que formalizam suas propostas teóricas e operacionais. Não há lugar aqui para avaliar seus méritos e deméritos, apenas cumpre assinalar que seu cientificismo, sua insistência na neutralidade e objetividade da ciência e da técnica, sua recusa de levar em consideração ingredientes finalistas da educação, impedem de se formular uma Pedagogia que, não podendo submeter sua problemática à experimentação sistemática, muito menos pode arvorar-se em chamar-se de *científica*. Nessa orientação, dissolve-se a denominação Pedagogia que, adjetivada, se transforma em mera aplicação da ciência da educação, como métodos, formas processuais e técnicas.[9]

Esse é, efetivamente, o tom que vão assumindo os estudos pedagógicos, bem como a estruturação de cursos de formação de educadores nesse período. Segundo Paiva (1983: 89), no final da Primeira República delineiam-se muitas das características que irão demarcar o desenvolvimento das idéias pedagógicas que dominarão a cena educacional por muitos anos. É nesse contexto que surge "a versão primeira do 'tecnicismo educacional' sob a influência dos emergentes 'profissionais da educação'" que irão liderar o movimento escolanovista (id.: 90). Em

---

9. Em 1963, no prefácio de seu livro *Noções de pedagogia científica*, o pedagogo de influência católica Theobaldo M. Santos lastimava o fato de a ciência pedagógica nos últimos cinqüenta anos estar perdendo sua unidade e sistematicidade. Ele escrevia: "Já não se estuda mais (...) a pedagogia como ciência independente e unitária. Atualmente, só existem nos currículos ciências e técnicas particulares da educação. O desprestígio da pedagogia (...) expressa-se também em certas doutrinas pedagógicas contemporâneas que concebem a educação como simples função biológica ou como mero fenômeno psicológico e social, mutilando a pedagogia, reduzindo-a a um capítulo da biologia, da psicologia ou da sociologia" (Santos, 1958).

oposição aos pressupostos metafísicos da pedagogia vigente, o movimento orienta-se pela tecnificação do campo pedagógico voltada para os fatores internos da instituição escolar: organização e administração do sistema de ensino e das escolas, qualidade do ensino mediante a divulgação de teorias psicológicas e novas técnicas de ensino obtidas dos recentes desenvolvimentos da psicologia experimental. Esse "tecnicismo" freqüentemente assume ares de neutralidade, à medida que tende a desconectar os fatores internos do processo educacional (currículo, métodos) dos problemas colocados pela inserção do sistema educacional no conjunto dos determinantes sociais mais amplos da sociedade (id.: 107). A compartilhar dessa análise, não é casual que a Pedagogia vá assumindo, no discurso dos pioneiros, ora conotação instrumental de ênfase no caráter técnico-administrativo da educação, ora conotação de operacionalização metodológica. Ou seja, vai se firmando o uso do termo "estudos pedagógicos" para caracterizar estudos destinados à formação de professores, quando não para apenas identificar métodos e técnicas de ensino.

Com efeito, em 1932, Anísio Teixeira propõe a criação da "Escola de Professores" no Instituto de Educação do Rio de Janeiro, incorporada em 1935 à Universidade do Distrito Federal.[10] Foi a primeira escola de formação de professores em nível universitário; entretanto, a experiência foi interrompida em 1938. O governo Getúlio Vargas cria em 1937 a Universidade do Brasil, que previa uma Faculdade Nacional de Educação e que, pelo Decreto-Lei nº 1.190 de 1939, recebeu a denominação de Faculdade Nacional de Filosofia, dividida em quatro seções: filosofia, ciências, letras e Pedagogia — e mais uma, didática. É a primeira vez que aparece na legislação um curso específico de Pedagogia que formaria o licenciado para o magistério em cur-

---

10. Em 1920 é criada a Universidade do Rio de Janeiro, mas nada existe dedicado à formação de professores. Na reforma do sistema de ensino paulista, em 1920, aparece a criação da Faculdade de Educação para a realização de estudos pedagógicos em nível superior, idéia já acalentada pelos pioneiros, mas a idéia fica no papel.

sos normais, oferecendo, também, o bacharelado para o exercício dos cargos técnicos de educação.

Analisando esse Decreto em um de seus pareceres, Valnir Chagas (MEC/CFE, 1970) aponta a inoportunidade da formação dos "técnicos de educação" em nível superior, porque naquela época as funções de planejamento, organização e execução do processo educacional "ainda não alcançavam níveis de objetiva especialização". Além disso, menciona resistências dos legisladores em admitir a formação em nível superior tanto de professores para o curso normal quanto de especialistas para tarefas administrativas no sistema de ensino (inspetores, diretores de escola). Com efeito, a estruturação mais definida de um sistema de formação para os profissionais não-docentes da educação teve que esperar novo Parecer do CFE, o de nº 251/62 e, mais definitivamente, o de nº 252/69 (Bomeny, 1995; Chaves, 1981), já no período do regime militar.

Estudos analíticos sobre a estruturação do curso de Pedagogia estabelecida em 1939 indicam a adoção de um currículo muito genérico e imprecisão quanto ao significado real desse curso (Mello et al., 1983). Influenciado pelos escolanovistas no que diz respeito à formação de técnicos de educação, mantém-se na legislação a idéia pragmática de pedagogia, isto é, de que o pedagogo é o que cuida dos métodos e das técnicas de ensinar. Brzezinski aponta com propriedade:

> O pragmatismo funcional é a própria negação da verticalidade e do aprofundamento da pesquisa; não há elaboração teórica. O professor (...) não se aprofunda em estudos da Pedagogia como campo de saber, isto é, não busca a teoria elaborada, através da pesquisa, como se fosse possível separar o indissociável: teoria e prática (1994: 337).

As mesmas características continuam na legislação posterior. Valnir Chagas expressa no texto do Parecer 251/62 as duas correntes que se posicionavam em relação ao curso de Pedagogia, uma que pretendia sua extinção por falta de conteúdo próprio e outra que defendia sua existência para aprofundamento da teoria educacional, assumindo postura conciliatória (id.: 340). Com efeito, o parecer orienta o curso de Pedagogia para formar o especialista em educação (bacharelado) e o professor dos cursos de magistério em nível de 2º grau (licenciatura), ambos com duração de quatro anos. O currículo mínimo da Pedagogia constava de sete disciplinas, a saber: psicologia da educação, sociologia (geral e da educação), história da educação, filosofia da educação, administração escolar, além de duas a serem escolhidas pelas instituições. Observa-se aí uma tentativa de dar corpo aos estudos pedagógicos, mas não são especificadas as habilitações do bacharelado e persiste separação rígida entre bacharelado e licenciatura.

Com base no que vimos considerando, é possível ligar o pensamento educacional dominante nos anos 1920-45 a algumas conseqüências que, direta ou indiretamente, afetam o desenvolvimento teórico do campo científico da Pedagogia:

• afasta-se da concepção da Pedagogia como ciência independente e unitária, acentuando-se a idéia de que ela não teria conteúdo científico próprio; ao mesmo tempo, introduz nos estudos pedagógicos a concepção de *ciência da educação* dando cunho cientificista à reflexão científica da problemática educacional;

• tende, gradativamente, a caracterizar os chamados "estudos pedagógicos" como aqueles destinados à preparação de professores e de técnicos de educação e não para a investigação científica da Pedagogia como campo teórico;

• atribui ao trabalho pedagógico a conotação tecnicista que predominará até nossos dias, após ter sido reforçada pela política educacional do regime militar (1964-84);

• cria nos estudos pedagógicos em nível superior a ambigüidade que até hoje caracteriza o sistema de formação de educadores: a) sua destinação para a preparação de professores; b) sua destinação para aprimoramento da reflexão científica sobre a educação e formação de especialistas.

O que se quer ressaltar é que, se houve por parte de alguns dos "profissionais da educação" intenção de criar o curso de

Pedagogia para possibilitar a investigação científica do campo teórico da educação, isso, de fato, nunca se consolidou. Inclusive porque a adesão deles ao ideário da Escola Nova e às suas fontes teóricas não lhes permitiria admitir a existência de uma Pedagogia geral, ciência unitária e independente da educação em relação à qual a psicologia, a sociologia e a biologia seriam meras ciências auxiliares. Ou seja, nossa hipótese é de que houve uma influência acentuada dos pioneiros da educação nova na educação brasileira que levou ao privilegiamento das dimensões metodológica e organizacional em detrimento das dimensões filosófica, científica e epistemológica, mesmo considerando esforços isolados de uni-las, como sugerem estudos sobre propostas de organização dos estudos universitários na área da educação, especialmente as de Anísio Teixeira e Fernando de Azevedo (Bomeny, 1995; Warde, 1993).[11]

---

11. Warde (1993) fez um interessante estudo sobre essas propostas. Ela escreve: "Na década de 30, temos três grandes modelos de universidade e de organização da área da educação, todas elas denominadas de Faculdade de Educação. Um dos modelos está associado a (...) Anísio Teixeira. O segundo é o Fernando de Azevedo. O terceiro, legal, é a soma da ação de mais de um legislador, entre eles Francisco Campos e Gustavo Capanema. (...). Azevedo pensava a Faculdade de Filosofia, Ciências, Letras e Educação como um Instituto de Estudos desinteressados de elevada cultura que teria, dentro dele, esta parte cuja função seria mais pragmática, destinada fortemente à formação de quadros para os outros graus do ensino. (...) A área da educação seria, pois, parte nuclear de um Instituto onde as demais ciências, letras e filosofia estariam sendo estudadas. (...) Assim a educação participaria dos estudos de nível superior, elevados, desinteressados e, também, por sua parte mais pragmática, formaria professores para o mercado de trabalho, ou seja, a própria escola básica" (p. 131-32). Na proposta de Anísio Teixeira, seriam formados no Instituto de Educação (em nível de 3º grau) "todos os profissionais: o professor primário, o professor secundário, os quadros técnico-administrativos e os estudiosos da educação. Tal Instituto seria um misto de Teacher's College norte-americano e algo da escola de estudos superiores francesa" (p. 133). Finalmente, o terceiro modelo da legislação federal de 1939 mantém a formação do professor primário na escola normal, a do professor secundário em nível de 3º grau sob a forma de três anos de bacharelado mais um acréscimo de carga didática. Aí criou-se 'essa coisa estranhíssima chamada Curso de Pedagogia' (...) que teria por função "formar os quadros técnico-administrativos e professores para a escola normal" (p. 134).

Rearticula-se o tecnicismo educacional nos anos 70

O final da década de 1960 e o início da década de 1970 é o período em que o chamado "tecnicismo educacional" adquire nova roupagem, no contexto do regime militar instaurado no Brasil em 1964, agora mais explicitamente assentado no behaviorismo e na teoria de sistemas. Essa tendência deixará sua marca mais nos aspectos formais da organização escolar e didática e menos em termos de concepção de ensino, mas irá influenciar boa parte dos projetos governamentais e dos estudos da área da educação. O pensamento educacional em toda a década de 1970 mover-se-á em torno da elaboração de uma "ciência da educação", já não mais nos moldes do pragmatismo mas do neopositivismo, nas formulações do empirismo lógico e filosofia analítica. A partir da mesma argumentação com que o positivismo recusava uma Pedagogia geral de caráter ético-normativo, também no quadro da ciência lógico-empírica não há lugar para se postular a formulação de fins da educação, valores, intencionalidades não inferíveis cientificamente. A ciência da educação exclui juízos valorativos em troca de enunciados que sejam intersubjetivos, lógicos e empiricamente comprováveis. Seu objetivo é investigar a realidade educativa e propor procedimentos científicos (estratégias) visando à condução eficaz da aprendizagem em relação a objetivos comportamentais definidos. Também aqui a ação pedagógica reduz-se à mera aplicação da ciência da educação.

A ação do regime militar na reforma do sistema de ensino materializa-se em duas leis casadas: a da Reforma Universitária (Lei 5.540/68) e a da Reforma do Ensino de 1º e 2º graus (Lei 5.692/71). A Lei 5.540/68 (art. 30) estabelece que "a formação de professores para o ensino de 2º grau, de disciplinas gerais ou técnicas, bem como o preparo de especialistas destinados ao trabalho de planejamento, supervisão, administração, inspeção e orientação, no âmbito de escolas e sistemas escolares, far-se-á em nível superior". Conexamente, o Parecer 252/69, do Conselho Federal de Educação, de autoria de Valnir Chagas, redefine o currículo mínimo e a duração do curso de Pedagogia. Explicita-se nesse parecer a formação de especialistas — administrador escolar, supervisor escolar, orientador educacional — para ocupar funções específicas nas escolas e nos sistemas de ensino, agora já necessários para atender necessidades dos sistemas de ensino e escolas, diferentemente da situação de 1962. Admite a possibilidade de formar em nível superior o professor das séries iniciais do ensino básico. Afirma que a profissão a ser exercida é a de educador, porque "a profissão que lhe corresponde (o setor de educação) é uma só e, por natureza, não só admite como exige 'modalidades' diferentes de capacitação, a partir de uma base comum". O aluno seria formado, conforme sua opção, em uma ou mais das seguintes habilitações: ensino das disciplinas e atividades práticas dos cursos normais (magistério de 2º grau), orientação educacional, administração escolar, inspeção escolar e planejamento educacional (pós-graduação).

Esse parecer modifica o anterior (de 1962), em função de adequar o curso de Pedagogia à Reforma Universitária de 68. É voz corrente entre pesquisadores que essa Reforma faz com que a Faculdade de Educação se integre efetivamente ao sistema universitário, substituindo a Faculdade de Filosofia, Ciências e Letras. O Parecer 252/69 promove, efetivamente, um avanço na definição da identidade do curso ao fixar com mais clareza os estudos teóricos necessários à formação do pedagogo e a explicitação das habilitações profissionais. Fica, entretanto, mal resolvida a questão das licenciaturas ou, por outra, persiste a dubiedade do curso entre formar o pedagogo não-docente e o professor dos cursos de magistério e das séries iniciais do 1º grau. Valnir Chagas, sem dúvida um profundo conhecedor do problema, parece sempre oscilar entre a ênfase na reflexão científica sobre o campo do educativo e a formação do professor. Com efeito, ainda que o Parecer de 69 mantenha a denominação "curso de Pedagogia", seu conteúdo deixa entrever que o termo pedagógico tem o sentido de metodológico, técnico, administrativo, no mesmo tom da linguagem dos "profissionais da educação" da década de 1920. Além disso, pesa-lhe a herança do passado em que estudos pedagógicos referem-se, quase sempre, à preparação de professores, o que explica, ainda hoje, em algumas faculdades de educação, a identificação do termo *pedagogia* com formação de professores para as séries iniciais do ensino fundamental,[12] com o que pedagogia tende a reduzir-se à prática de ensino.

É difundida entre os educadores brasileiros a idéia de que o Parecer 252/69 reproduzia, no âmbito da educação, a ideologia da modernização técnica que o governo militar introduzia em outras instâncias da organização política e econômica, tendo em vista a inserção do país no sistema capitalista mundial. Há, de fato, substanciosas razões em favor dessa linha de análise; entretanto, o conteúdo do documento mostra que as habilitações do curso de Pedagogia, parafraseando Paiva (1983: 90), não seriam mais que a versão segunda do tecnicismo educacional visando à formação dos "técnicos de educação" já preconizada nos anos 1920-30.

O parecer 252/69 permanece em vigência. No final da década de 1970 faltou pouco para que o curso de Pedagogia fosse extinto, e com ele a profissão de pedagogo (Brzezinski, 1994; Chaves, 1981). A pretexto de instituir oficialmente políticas de formação de profissionais da educação, Chagas — o grande mentor da política de formação de professores desde 1962 — elabora para o Conselho Federal de Educação diversos documentos sobre o assunto, inclusive a Indicação nº 70/76, que tratava do Preparo de Especialistas em Educação, estabelecendo que os especialistas seriam formados por meio de habilitações (as mesmas já mencionadas) posteriores aos cursos de licenciatura. Com isso, há uma "redefinição" do curso de Pedagogia no

---

12. Segundo Chagas, o conteúdo do curso de Pedagogia é "o desenvolvimento em anos do que se estuda em meses para a licença comum de magistério". Mais adiante, a mesma idéia é reforçada ao afirmar existir consenso em que "os portadores do diploma de Pedagogia, em princípio, sempre devam ser professores do ensino normal". Tais afirmações confirmam a idéia corrente desde os anos 30, de formar o especialista no professor, e que tem sua versão mais recente no mote: a base da identidade profissional do educador é a docência. Ainda segundo Chagas (Brzezinski, 1994: 335), a identidade do curso de Pedagogia encontra-se no projeto de escola de formação de professores idealizado por Anísio Teixeira, cujo objetivo seria o de formar professores primários com nível superior.

sentido de explicitar e levar adiante idéias que nos pareceres anteriores haviam sido apenas sugeridas (Chaves, 1981: 57).

Os anos 1980-90: Da crítica política e pedagógica ao tecnicismo e a adoção da concepção das "ciências da educação"

No final dos anos 70, os educadores progressistas conquistam cada vez mais espaço no cenário nacional. A abertura política do final do regime militar possibilita maior movimentação da oposição, sendo abertas várias frentes de resistência, inclusive no campo da educação. As Indicações de Valnir Chagas mencionadas anteriormente não se oficializam, mas mobilizam os educadores interessados na discussão da formação dos profissionais da educação, exigindo amplo debate das reformas. A partir do I Seminário de Educação Brasileira realizado na Unicamp (Campinas-SP) em 1978, o debate ganha âmbito nacional. São realizados encontros e seminários sobre a reformulação do curso de Pedagogia e das licenciaturas, amplia-se a produção de dissertações e teses e surgem revistas para divulgação de estudos e pesquisas sobre o assunto. O Comitê pró-formação do educador criado em 1980 transforma-se, em 1983, em Comissão Nacional de Reformulação dos Cursos de Formação do Educador e, em 1990, em Associação Nacional para a Formação Profissional de Educadores (Anfope, 1994; Alves, 1986).

Criado num clima de crítica à estrutura sociopolítica vigente no país, esse movimento pela reformulação dos cursos de formação de educadores situa a crise da educação e da formação de educadores no quadro mais amplo da sociedade brasileira. A partir daí, orienta seus objetivos para a luta por uma educação voltada para a transformação social, pela valorização da escola pública e do magistério, propondo para isso a redefinição e a busca da identidade do curso de Pedagogia. Mais tarde (Anfope, 1983) o movimento inclui em seu programa de ação a reformulação, também, das licenciaturas.

A motivação política dos educadores envolvidos com as questões de sua formação profissional insere-se no conjunto das discussões teóricas e das ações práticas encetadas pelas várias organizações então criadas, tais como a Associação Nacional de Educação, o Centro de Estudos Educação e Sociedade, a Associação Nacional de Pós-Graduação e Pesquisa e outras. Mais especificamente, o foco de ataque é a Reforma Universitária (Lei 5.540/68) e a legislação correspondente, tida como expressão da teoria do capital humano e da concepção tecnicista de educação e analisada à luz da crítica da organização do trabalho capitalista.

Por volta dos anos 80, é forte entre os educadores progressistas a influência do marxismo em suas várias interpretações. As teorias crítico-reprodutivistas[13] contribuíram para a análise dos vínculos da educação com a sociedade, especialmente como instância de reprodução das relações sociais capitalistas. A teoria crítico-emancipatória acentuou a análise crítica dos mecanismos de opressão da sociedade de classes, atribuindo à educação o papel de denúncia das condições alienantes existentes. No âmbito mais propriamente pedagógico, mantêm-se com significativa presença as propostas da Educação Libertadora formuladas a partir do pensamento de Paulo Freire, bem como várias correntes antiautoritárias, e articula-se a Pedagogia Crítico-Social, de orientação marxista. Paralelamente, ainda aparecem aqui e ali os adeptos da desescolarização.

O que importa destacar é que os estudos específicos do campo da Pedagogia nesse período sofrem mais um revés, recebendo agora contestações do lado dos progressistas. Com efeito, as análises da problemática educacional, por serem encetadas principalmente por intelectuais ligados às ciências sociais,

---

13. A denominação "Teorias crítico-reprodutivistas" foi dada por Saviani (1984: 19) para identificar a "teoria do sistema de ensino enquanto violência simbólica desenvolvida por P. Bourdieu e J. C. Passeron (1975), a teoria da escola enquanto aparelho ideológico de Estado, de L. Althousser, a teoria da escola dualista, de C. Baudelot e R. Establet (1971). De acordo com esse autor, "são críticas, uma vez que postulam não ser possível compreender a educação senão a partir dos seus condicionantes sociais", e reprodutivistas porque "chegam invariavelmente à conclusão de que a função própria da escola consiste na reprodução da sociedade em que ela se insere".

privilegiam investigações de cunho macrossocial que acabam por ocupar o lugar, então praticamente esvaziado, da teoria pedagógica. Os educadores de profissão e os pedagogos, seja pela fragilidade teórica de seu próprio campo de conhecimento, seja pela restrita bagagem teórica em relação às demais ciências da educação, contentaram-se em tomar de empréstimo o discurso dos intelectuais das ciências sociais, inclusive no menosprezo à própria Pedagogia. Com isso, ocorre um gradativo refluxo das investigações em teoria pedagógica, ficando o campo do pedagógico, quando não reduzido às questões meramente metodológicas, subsumido nas questões postas pelas ciências sociais. Se agregarmos a isso o descaso crônico do Estado em relação à escola pública e aos professores e o desprestígio social da profissão de professor, o resultado só poderia ser o desprestígio acadêmico da Pedagogia como campo científico.

A hipótese, nesse caso, é de que o movimento de reformulação dos cursos de formação de educadores, conduzido durante um bom tempo por docentes ligados às ciências sociais, ao receber considerável marca da reflexão sociológica (tradição, aliás, provavelmente herdada dos pioneiros da educação nova), promoveu a sociologização do pedagógico e, com isso, a marginalização dos estudos especificamente pedagógicos. E, assim, não é de surpreender que nas faculdades de educação em que esse fenômeno ocorre de forma mais explícita desenvolva-se a concepção de ciências da educação (no plural) para a formulação do currículo. O curso de Pedagogia fica apenas no nome, uma vez que desaparece qualquer núcleo científico em torno de um campo de conhecimento próprio. Não é necessário muito esforço para constatar-se a grande dispersão na investigação da temática educacional, assim como os inúmeros reducionismos provocados por essa visão do campo de estudos da educação.

Em paralelo, o movimento investiu, também, na idéia já presente na legislação dos anos 60 de dar unidade ao sistema de formação de educadores mediante o lema: a base da identidade do profissional da educação é a docência. Obviamente, há aí a intenção de centrar no professor todas as demais atividades educacionais como resposta à crítica da divisão do trabalho na escola, com base na grosseira conclusão de que a escola seria um local de trabalho capitalista. Veladamente ou não, secundariza-se a Pedagogia como área específica de reflexão sobre a educação e, por conseqüência, o trabalho do pedagogo especialista. Ou seja, processada a correspondência entre a organização escolar e a organização capitalista do trabalho, a formação do pedagogo através das habilitações profissionais (administradores, supervisores, orientadores educacionais) iria fortalecer seu poder técnico em detrimento da autonomia do professor, transformado em mero executor de ordens pensadas por outros e desprovido de poder sobre o produto de seu trabalho.

Há boas razões para suspeitar-se de que esse tipo de análise resultou em algo contrário ao que se pretendia com o movimento de reformulação dos cursos: o revigoramento do sistema de formação de educadores. Ocorreu, de fato, seu enfraquecimento à medida que, subsumindo-se o campo do pedagógico na docência, e além de restringir sensivelmente o campo de exercício profissional, esvaziou-se a reflexão teórica, epistemológica e profissional do campo da educação. Pretendia-se implantar uma sólida formação científica, técnica e política, viabilizadora de uma prática pedagógica crítica, afinada com as transformações sociais necessárias; o resultado, no entanto, foi não apenas o aumento do desprestígio da Pedagogia, como da própria atividade docente.

O movimento conseguiu vitórias políticas, mas do ponto de vista filosófico, científico, epistemológico, o caminho percorrido foi bastante modesto. Os documentos divulgados em seus encontros são genéricos, meras declarações de intenções, com pouca bagagem teórica e operacional para atingir objetivos mais concretos: mudar o sistema de formação, intervir nos currículos, nas práticas de formação profissional, na explicitação do campo de trabalho profissional do educador.

O esvaziamento da teoria pedagógica para dar lugar a uma teoria sociopolítica da educação foi contestado por outra posição, também de cunho crítico, que propunha ligar a necessária análise crítica da educação no capitalismo a ações pedagógicas possíveis na sociedade e na escola para contrapor-se ao sistema de exploração e dominação ideológica e material vigentes. Essa posição, conhecida ora por Pedagogia Crítico-Social ora por Pedagogia Histórico-Crítica, desde logo busca fundamentar-se em uma teoria pedagógica capaz de orientar a prática cotidiana dos professores, assumindo, assim, a Pedagogia como ciência da e para a educação, nos moldes do que propunha, entre outros, Suchodolski (1977) e Schmied-Kowarzik (1983). A proposta de retomada da Pedagogia como campo científico de investigação no âmbito do marxismo teve como pioneiro Dermeval Saviani, seguido de outros autores que passaram a investir em estudos sobre teoria educacional, estrutura do conhecimento pedagógico e instâncias de exercício profissional do pedagogo (entre outros, Mello, 1982; Cury, 1985; Libâneo, 1985, 1990; Pimenta, 1988). Esse segmento de educadores partiria de uma concepção pluralista das ciências da educação, reservando, todavia, um lugar à Pedagogia que se distinguiria por sintetizar e integrar os diversos aportes das demais ciências da educação, dando unidade e sentido à multiplicidade de enfoque do fenômeno educativo.

* * *

O levantamento sucinto do percurso dos estudos pedagógicos no Brasil e do desenvolvimento do campo teórico da educação permite retirar algumas conclusões provisórias. Até por volta dos anos 20, a Igreja Católica conseguiu preservar a identidade científica da Pedagogia, ainda que caracterizada como ciência especulativa. Desse momento em diante, os estudos pedagógicos, a formação em Pedagogia, o curso de Pedagogia, desenvolveram-se a partir de experiências de formação de professores em escolas normais (Brzezinski, 1994). Com isso, o termo *pedagogia*, pela influência do movimento escolanovista, foi sendo associado cada vez mais à docência. Formação pedagógica vai significando, cada vez mais, preparação metodológica do professor, prática de ensino, desenvolvimento de habilidades de ensino e, cada vez menos, teoria da educação, campo de investigação sistemática. Quando se pretendeu dar mais identidade ao curso de Pedagogia, não se fortaleceu a investigação teórica, mas o âmbito técnico-administrativo (formação do "técnico de educação"). A mesma tendência se repetiu no movimento progressista pela formação profissional de educadores no início da década de 1980. Na mentalidade de muitos educadores, a Pedagogia ainda continua tendo o sentido de metodologia, de organização do ensino.

Isto explica em boa parte os dilemas enfrentados ao longo dos anos em torno da especificidade dos estudos pedagógicos, pois os problemas perduram. O curso de Pedagogia deve ocupar-se apenas da formação de professores para as séries iniciais do ensino fundamental? Ou deve formar professores para o curso de magistério de 2º grau e especialistas não-docentes? Continuam a imprecisão sobre a função desse curso e as ameaças de extinção, como continuam os ataques vindos de vários lados questionando a função do curso e da profissão. Por outro lado, as iniciativas tomadas desde o movimento pela reformulação da Pedagogia e das licenciaturas surtiram efeitos bastante modestos. O problema da melhor qualificação não foi resolvido. Por exemplo, a transformação dos cursos de Pedagogia em cursos de formação do professor das séries iniciais do ensino fundamental em nível superior parece não ter afetado substantivamente a qualificação profissional dos professores. Não há indício de que haja uma substantiva diferenciação entre uma professora formada em magistério em nível de 2º grau e outra que fez o curso superior de Pedagogia, como mostram estudos recentes do Ministério da Educação.

Além disso, é forçoso reconhecer que a situação atual da política de formação de professores assemelha-se ao que ocorreu no início do século. Silva et al. (1991: 134), analisando publicações dos últimos anos sobre formação do magistério, apontam que

> as reformas e os documentos legais produzidos nestas décadas denotam por parte das instâncias governamentais ausência de uma política educacional claramente definida para a formação do magistério primário e que o crescimento dos cursos de for-

mação de professores a níveis de 2º e 3º graus não resultou de uma preocupação sistemática em formar um corpo profissional competente, orientado por uma concepção clara de educação elementar.

Os problemas, portanto, não são apenas internos aos processos de formação, mas remetem à falta de políticas educacionais consistentes, não priorização pelo Estado da formação de professores, desvalorização social da profissão do magistério, desinteresse das universidades pela problemática da educação básica e formação de professores (id.: 77-80).

Em busca da identidade científica da Pedagogia. Pedagogia e didática

Nos últimos anos, vêm sendo reiteradas posições contrárias à existência do curso de Pedagogia, bem como do pedagogo *stricto sensu*. O argumento principal contra a Pedagogia é o de que ela não teria conteúdo próprio; sua função teria sido apenas a de formar quadros para atender aspectos técnicos do ensino: a licenciatura e o pedagogo-técnico (i.e., diretores, supervisores etc.). Na verdade, argumenta-se em desfavor das atribuições que foram conferidas ao curso de Pedagogia desde a legislação federal de 1939, de formar professores para a escola normal e quadros técnico-administrativos. Em nenhum momento, no âmbito da legislação, estruturou-se um curso destinado especificamente a formar o investigador, o pensador das questões da educação em geral e do ensino em particular. Ora, o que os críticos da Pedagogia teimam em ignorar é que os estudos pedagógicos no Brasil sempre tiveram, via de regra, a conotação restrita de formação de professores e de técnicos em educação, desconsiderando sua outra função de propiciar a reflexão teórico-científica sobre educação. Cumpre considerar que são instâncias inter-relacionadas de formação, porém, distintas. O que se postula é que, ao lado da formação de docentes para todos os graus de ensino, exista um curso regular (em nível de graduação ou pós-graduação) de preparação do cientista da educação, aquele que realiza estudos de teoria educacional, pensa questões educacionais e se capacita para exercer tarefas de planejamento e gestão da educação, formulação de políticas, pesquisa, administração, supervisão de ensino, formação continuada, avaliação, meios de comunicação etc. (Libâneo, 1996).

Propostas nesse sentido têm sido ressaltadas por autores interessados na problemática teórica e epistemológica da Pedagogia (Saviani, 1983, 1994; Libâneo, 1990, 1992; Pimenta, 1988, 1996; Severino, 1995; Marques, 1992; Freitas, 1987; Bonilha, 1996, entre outros). Embora as posições de tais autores não sejam homogêneas, convergem na idéia de que o primeiro requisito a satisfazer na busca da legitimidade dos estudos científicos denominados de *Pedagogia* é considerar a educação, a prática educativa, como objeto de estudo e, portanto, um fenômeno passível de ser descrito e explicado dentro da totalidade da vida social, mediante procedimentos metodológicos e formulação de conceitos compatíveis com os processos de investigação nas ciências sociais. Haveria, pois, pertinência de se assegurar no âmbito dos cursos superiores a presença dos estudos teórico-científicos de Pedagogia.

Em outros trabalhos apresentamos o entendimento da *Pedagogia Crítico-Social* sobre a questão (Libâneo, 1992, 1994, 1995, 1996). Em resumo, definimos a Pedagogia como campo de conhecimento que investiga a natureza e as finalidades da educação numa determinada sociedade, bem como os meios apropriados de formação humana dos indivíduos. Mais especificamente, concebemos a Pedagogia como ciência prática que explicita objetivos e formas de intervenção metodológica e organizativa nos âmbitos da atividade educativa implicados na transmissão/assimilação ativa de saberes e modos de ação. Constitui-se, pois, como campo de investigação específico cuja fonte é a própria prática educativa e os aportes teóricos providos pelas demais ciências da educação e cuja tarefa é o entendimento, global e intencionalmente dirigido, dos problemas educativos.

A ciência pedagógica dispõe de ramos de estudo dedicados aos vários aspectos da prática educativa (teoria da educação, política educacional, teoria do ensino (didática), organização escolar, história da Pedagogia). Esse complexo de conhecimentos funda-se no entendimento de que a Pedagogia compõe o conjunto das ciências da educação, mas se destaca delas por assegurar a unidade e dar sentido às contribuições das demais ciências, já que lhe cabe o enfoque globalizante e unitário do fenômeno educativo. Fica claro que, desse ponto de vista, os conhecimentos obtidos dessas ciências, à medida que se referem ao fenômeno educativo, convertem-se em conhecimentos *pedagógicos,* única razão para a existência de uma sociologia *da educação*, psicologia *da educação*, biologia *da educação* etc.

Não se trata de requerer à Pedagogia exclusividade no tratamento científico da educação; quer-se, no entanto, reter sua peculiaridade em responsabilizar-se pela reflexão problematizadora e unificadora dos problemas educativos, para além dos aportes parcializados das demais ciências da educação. Nossa posição é que a multiplicidade de enfoques e análises que caracteriza o fenômeno educativo não torna desnecessária a Pedagogia, antes ressalta seu campo próprio de investigação para clarificar seu objeto, seu sistema de conceitos e sua metodologia de investigação, para daí poder apropriar-se da contribuição específica das demais ciências. Sobre as condições para que a Pedagogia possa cumprir os requisitos de cientificidade, remetemo-nos às indicações de Visalberghi (1983) sobre os dois requisitos a serem atendidos para se reconhecer como científicos um conjunto de conhecimentos:

> O primeiro elemento é metodológico: a ciência baseia-se em experiências refutáveis (...) que autorizam a fazer generalizações racionais e, portanto, previsíveis. O segundo elemento é lógico-estrutural: uma ciência é constituída de um conjunto ordenado e coerente de conceitos bem definidos, conectados em proposições (ou hipóteses, leis, relações) fundamentais, de onde outras proposições são dedutíveis segundo regras também definidas. (...)
>
> Estas duas características não estão absolutamente em confronto, pelo contrário falamos de ciência com a máxima convicção quando temos que tratar com um corpo de conhecimentos que reúne ambas de modo nítido (claro) (como é o caso da física,

> da química ou da biologia). Mas falamos, também, de ciência quando uma só dessas duas características está claramente presente, enquanto a outra está ausente ou fica na sombra. Ciências são a matemática e a lógica, que geralmente não necessitam de verificação empírica (ou, se esta ocorre, o faz de maneira extremamente indireta). Mas ciências consideram-se freqüentemente, também, corpos de conhecimentos que não têm uma clara estruturação formal de conceitos, isto é, de uma precisa estrutura hipotético-dedutiva, e são definidos somente pelo campo empírico da realidade de que se ocupam e pelo fato de que se ocupam dela não aprioristicamente, mas com a maior verificação empírica possível. (...) Não que a tais ciências faltem definições rigorosas e metodologias sofisticadas: o que lhes falta é um sistema hipotético-dedutivo bem desenvolvido. O seu material conceitual é fornecido em parte pelo senso comum, em parte pelas ciências limítrofes, mas não constitui um todo formalmente coerente, embora seus métodos de verificação empírica dos fatos e de elaboração sistemática dos resultados possam atingir níveis de notável complexidade (p. 26).

Visalberghi assinala que essa característica — escassa estruturação conceitual sistemática — é própria das ciências da educação, talvez pelo fato de serem ciências jovens, sendo esse o caso, também, da Pedagogia. Escreve, também, inspirando-se em Dewey, que "precisamente quando se quer afirmar a validade do tratamento científico dos problemas educativos, é importante não supervalorizar o alcance disso, isto é, não se pode esquecer que a educação se encontra, ainda, e provavelmente em alguma medida encontrar-se-á durante muito tempo, se não sempre, em uma fase de transição do estado empírico ao estado científico", pelo que é muito perigoso cultuar demais (mitificar) os resultados científicos, tornando-os receitas de imediata aplicação, como se a ciência pudesse pôr um marco de aprovação final sobre este ou aquele procedimento específico (id.: 266).

Nóvoa (1996: 83) adota a denominação *ciências da educação*, mas insiste na busca da identidade epistemológica. A partir da identidade primeira que corresponde ao campo das áreas científicas que compõem as ciências da educação, propõe uma identidade segunda, "tendo por referência o educativo". Esse autor não atribui à Pedagogia o papel de aglutinar os estudos que se caracterizariam como propriamente "educativos", mas preocupa-se com o risco de dispersão ou falta de rigor científico caso não se demarque a especificidade própria das ciências da educação. Tal especificidade seria o "universo educativo". Mas, pergunta-se como explicitar cientificamente esse objeto sem recorrer a um campo investigativo que assegure uma aproximação global e intencional do fenômeno educativo propriamente dito?

Dentro, pois, de uma concepção pluralista das ciências da educação reservando-se, todavia, à Pedagogia o papel de integrar diferentes enfoques para dar coerência e unidade ao estudo do fenômeno educativo, tal como propõe Sarramona & Marques:

> A diversidade de agentes e a diversidade de perspectivas são duas claras justificativas para demandar a sustentação de uma ciência, a Pedagogia, que permite uma análise unitária da educação; análise que dê sentido pleno à ação humana estritamente educativa, isto é, aquela ação com finalidade configuradora para o aperfeiçoamento do sujeito e da coletividade (1985: 5).

Sendo assim, o que seria a educação, de um ponto de vista pedagógico, admitindo-se que se possa distinguir um enfoque sociológico, psicológico, econômico, do enfoque propriamente pedagógico? O que define algo como pedagógico? E o didático?

O fenômeno educativo

Um caminho bastante estimulante para a compreensão do fenômeno educativo é tomá-lo como ingrediente dos processos práticos — práxis — de relação ativa dos indivíduos com o meio natural e social, entendido esse meio como "culturalmente organizado". Essa interação homem-meio está mediatizada pela atividade (trabalho), e essa atividade implica assimilação (aprendizagem) da experiência humana historicamente acumulada e culturalmente organizada. Ou seja, a relação ativa dos indivíduos com o meio natural e social implica a mediação da cultura, visando ao desenvolvimento da personalidade, ou seja, aquisição das qualidades específicas do gênero humano.

A primeira referência, pois, para compreender o desenvolvimento pela educação é a idéia de que o homem entra em cena na história como um ser ativo, isto é, portador de uma atividade consciente e objetiva sobre o meio, transformando natureza e o meio social e, com isso, transformando-se a si próprio. É conhecida a citação de Marx: "Antes de tudo, o trabalho é um processo de que participam o homem e a natureza, processo em que o ser humano com sua própria ação impulsiona, regula e controla seu intercâmbio material com a natureza. (...) Atuando, assim, sobre a natureza externa e modificando-a, ao mesmo tempo modifica sua própria natureza" (Marx, 1982).

Isto significa que o desenvolvimento humano ocorre em meio à atividade prática mediadora da relação ativa indivíduo-meio. "A tarefa da educação consiste em dirigir e em tornar produtivo, do ponto de vista pedagógico, esse processo de relação ativa, e com isso, o desenvolvimento do homem" (Klingberg, 1977: 86). Em outras palavras, por intermédio dos pais, dos adultos, dos professores, de variados grupos sociais, a educação mobiliza a atividade consciente e produtiva, tornando possível a realização das "possibilidades naturais" do ser humano. Nesse sentido, a educação opera uma mediação entre teoria e prática, entre o sujeito e sua interação com o meio ambiente. Vazquez explicita o papel da educação nos seguintes termos:

> A teoria em si não transforma o mundo. Pode contribuir para sua transformação, mas para isso tem que sair de si mesma e, em primeiro lugar, tem que ser assimilada pelos que vão ocasionar, com seus atos reais, efetivos, tal transformação. Entre a teoria e a atividade prática transformadora se insere um trabalho de educação das consciências, de organização dos meios materiais e planos concretos de ação; tudo isso como passagem indispensável para desenvolver ações reais, efetivas (1977: 207).

É nesse processo da atividade humana prática que os indivíduos vão criando, produzindo e transformando objetos, instrumentos de trabalho, conhecimentos, modos de ação, técnicas, linguagem, valores, sentimentos etc., constituindo o mundo humano que vai se incorporando, sucessivamente, em sua atividade, ou seja, o mundo da cultura. Essa atividade socialmente herdada, ou essa experiência humana historicamente acumulada e culturalmente organizada, precisa ser comunicada às novas gerações. Para tanto, os grupos sociais de uma sociedade organizam ações educativas com o propósito de inserir os indivíduos no meio culturalmente organizado. Eis a tarefa genuína do que chamamos educação, tarefa essa a ser realizada pela Pedagogia.

Todavia, o processo de objetivação e apropriação de saberes denotativo da prática educativa é inseparável dos processos sociais mais amplos, de modo que os processos educativos ocorrem numa variedade de manifestações e atividades (sociais, políticas, econômicas, religiosas, familiares, escolares), por meio de distintas modalidades (intencional/não-intencional, formal/não-formal, escolar/extra-escolar, pública/privada). Em conseqüência disso é que falamos em práticas educativas, tais como a familiar, a profissional, a sindical, a escolar etc., assim como falamos em pedagogias: familiar, profissional, sindical, escolar etc.

Cumpre destacar que as atividades educativas ocorrem sob várias modalidades e formas de organização não-intencionais e intencionais, as primeiras correspondendo àquelas experiências culturais assimiladas e reelaboradas na participação direta dos indivíduos na vida social, as segundas às formas planificadas, sistemáticas e intencionalmente orientadas, visando à obtenção de resultados previamente planejados. Na educação intencional distinguem-se as modalidades de educação não-formal e formal, pertencendo a esta última as instituições escolares ou centros de educação formal (mesmo aqueles não restritos à noção convencional de "escola") (Libâneo, 1992). A educação escolar destaca-se entre as modalidades de educação formal por configurar-se como instituição peculiar de operar certos aspectos básicos do desenvolvimento da personalidade de todos os indivíduos. Todavia, não pode eximir-se da interação com as outras modalidades. Ao lado de seu caráter específico de dedicar-se à instrução e ao ensino, há que se considerar que assume atributos que a aproximam de outras instituições e atividades fora de seu marco próprio, envolvendo questões econômicas, socioculturais, ecológicas.

A educação consiste, pois, de uma prática social que envolve o desenvolvimento dos indivíduos no processo de sua relação ativa com o meio natural e social, mediante a atividade cognoscitiva necessária para tornar mais produtiva, efetiva, criadora, a atividade humana prática.

O pedagógico

Para que o processo educativo se efetive, são necessários uma teoria e um conjunto de objetivos e meios formativos, encaminhados à formação humana. Conforme a concepção histórico-social de educação, as atividades educativas ocorrem em condições históricas e sociais determinadas que estabelecem limites às possibilidades objetivas de humanização. Desse modo, as finalidades e meios da educação subordinam-se à estrutura e à dinâmica das relações entre classes e grupos sociais. A prática educativa encaminha-se, pois, a objetivos distintos, conforme interesses explicitados pelos seus agentes sociais. A Pedagogia assume, precisamente, essa tarefa de orientar a prática educativa de modo consciente, intencional, sistemático, para finalidades sociais e políticas cunhadas a partir de interesses concretos no seio da práxis social, ou seja, de acordo com exigências concretas postas à humanização num determinado contexto histórico-social. Junto a isso, formula e desenvolve condições metodológicas e organizativas para viabilizar a atividade educativa.

O que define algo — um conceito, uma ação, uma prática — como *pedagógico* é, portanto, a direção de sentido, o rumo que se dá às práticas educativas. É, pois, o caráter pedagógico que faz distinguir os processos educativos que se manifestam em situações sociais concretas, uma vez que é a análise pedagógica que explicita a orientação do sentido (direção) da atividade educativa. Por isso se diz que a toda educação corresponde uma pedagogia. Se, como vimos, são múltiplas as manifestações do educativo, são também múltiplas as modalidades do pedagógico. Nesse sentido, poder-se-ia falar de uma pedagogia geral que investiga condições e modos efetivos — leis, princípios, normas, finalidades, conteúdos e métodos, formas organizativas etc. — de viabilização da educação, e de uma pedagogia diferencial abrangendo as modalidades de educação e de prática pedagógica peculiares a essas modalidades, tais como a Pedagogia familiar, a Pedagogia escolar, a Pedagogia sindical, a Pedagogia da fábrica etc. Mialaret é bastante explícito em sua definição:

> A Pedagogia é uma reflexão sobre as finalidades da educação e uma análise objetiva de suas condições de existência e de funcionamento; ela está em relação direta com a prática educativa que constitui seu campo de reflexão e de análise, sem, todavia, confundir-se com ela (1991: 9).

Nessas condições, a Pedagogia, sendo teoria para esclarecimento racional da prática educativa a partir da investigação dessa mesma prática em situações concretas, realiza-se como ciência da e para a educação (Schimied-Kowarzik, 1983; Suchodolski, 1977). Com isso, assume-se que o valor prático da teoria pedagógica está não apenas quando se constitui em diretriz para a prática educativa conscientemente organizada e dirigida, mas também quando delineia os contornos de seu campo teórico de investigação, de modo que assim possa receber a ajuda teórica e metodológica das demais ciências.

O didático

Se definimos a ação educativa pelo seu caráter intencional, também a ação docente se caracteriza como direção consciente e intencional do ensino, tendo em vista a instrução e educação dos indivíduos, capacitando-os para o domínio de instrumentos cognitivos e operativos de assimilação da experiência social culturalmente organizada. Veremos mais adiante que a didática, teoria e prática da docência, não se aplica apenas à escola, mas a diversas instâncias da educação formal.

A didática tem como objeto de estudo o processo de ensino na sua globalidade, isto é, suas finalidades sociopedagógicas, princípios, condições e meios de direção e organização do ensino e da aprendizagem, pelos quais se assegura a mediação docente de objetivos, conteúdos, métodos, em vista da efetivação da assimilação consciente de conhecimentos. Nesse sentido, define-se como direção do processo de ensinar, no qual estão envolvidos, articuladamente, fins imediatos (instrutivos) e mediatos (formativos) e procedimentos adequados ao ensino e à aprendizagem. Ou seja, a atividade teórica e a atividade prática que se unificam na práxis de quem ensina.

Está claro que a didática se ocupa dos processos de ensino e aprendizagem *em sua relação com finalidades educativas.* O que significa dizer que o ensino é "uma prática humana que compromete moralmente quem a realiza", assim como é uma prática social, uma vez que "responde a necessidades, funções e determinações que estão para além das intenções e previsões dos atores diretos da mesma" (Domingo, 1991: 16). Além disso, a didática implica processos de relação e comunicação intencional, portanto, intercâmbios de significados que caracterizam a relação entre professor e alunos e destes entre si (Benedito, 1987).

Tais características decorrem do fato de a didática ser uma disciplina eminentemente pedagógica. Esse caráter aparece na determinação de finalidades e metodologia do processo educativo, escolar ou não. A dependência da didática em relação à Pedagogia se verifica na impossibilidade de se especificar objetivos imediatos da instrução, das matérias e dos métodos, fora de uma concepção de mundo, de uma opção metodológica geral e uma concepção de práxis pedagógica, uma vez que essas tarefas pertencem ao campo do pedagógico. É verdade que a finalidade imediata do processo didático é o ensino de determinadas matérias e de habilidades cognitivas conexas; todavia, por se tratar de matérias ou temas *de ensino*, implicando, portanto, dimensão formativa, a eles se sobrepõem objetivos e tarefas mais amplos determinados social e pedagogicamente. Daí considerar-se a didática como disciplina de intersecção entre a teoria educacional e as metodologias específicas das matérias (ou de temas), nas quais os problemas específicos do ensino das distintas matérias se esclarecem e se particularizam sob características comuns, básicas, da atividade pedagógica e, em particular, do processo de ensino e aprendizagem.

Em outras palavras, a didática opera a interligação entre teoria e prática. Ela engloba um conjunto de conhecimentos que entrelaçam contribuições de diferentes esferas científicas (teoria da educação, teoria do conhecimento, psicologia, sociologia etc.), junto com requisitos de operacionalização. Isto justifica um campo de estudo com identidade própria e diretrizes normativas de ação docente, que nenhuma outra disciplina do currículo de formação de professores cobre ou substitui. Esta é a razão pela qual é tomada como "disciplina integradora" (Libâneo, 1994).

É importante ressaltar que a ampliação do campo de ação do pedagógico, em decorrência da complexidade cada vez mais crescente da própria educação, leva ao aparecimento de agentes da ação didática para além do âmbito escolar. Em conseqüência, educador não é mais apenas o professor, mas outros agentes que atuam nos meios de comunicação, nos movimentos sociais, nos sindicatos, nas empresas etc. O educando não é mais apenas o aluno, mas o adulto, o leitor, o telespectador, o morador, o consumidor etc. Foi nesse sentido que acentuamos, anteriormente, que a educação formal não se aplica apenas à prática escolar mas, também, a outras instâncias, como a educação de adultos, educação sindical, educação profissional, educação comunitária, educação em saúde etc. Ocorre, portanto, educação formal onde quer que se desenvolva uma prática educativa envolvendo objetivos explícitos, ação deliberada e sistemática, estruturação didática e condições organizativas, uso de métodos e procedimentos, expectativa definida de resultados de aprendizagem. A educação formal, assim, supõe a didática mesmo quando se trata de atividades realizadas fora do marco do *escolar* propriamente dito.

No Brasil têm sido freqüentes as tentativas de estudiosos da didática em atribuir-lhe adjetivos: didática fundamental, didática histórico-social, didática crítico-social, didática prática... São esforços feitos para explicitar uma contraposição à didática corrente, tradicional ou instrumental. Para a didática crítico-social, o didático constitui-se no processo de assimilação ativa da experiência cultural acumulada, de modo a possibilitar aos alunos, a partir de suas próprias forças intelectuais e práticas, o domínio de conhecimentos, habilidades, hábitos, convicções, o desenvolvimento de suas capacidades cognoscitivas e operativas e, junto com isso, a leitura crítica da realidade (consciência crítica). Conforme esse entendimento, o ensino *crítico* é engendrado no processo de ensino em que se torna possível aplicar tarefas cognitivas de observação, análise, síntese, abstração, generalização, que propiciam o exercício da reflexão e da capacidade crítica e daí para a aplicação criadora. Em outras palavras, o processo de ensino implica níveis que vão do conhecimento crítico (científico) ao exercício do pensamento crítico, no decurso da própria experiência docente e nas situações docentes concretas.

Diante das exigências de uma educação para a criticidade, o que é um professor "crítico"? É aquele que denuncia as desigualdades sociais? É o que se nega a transmitir conhecimentos tidos previamente como veículos de dominação? É aquele engajado em movimentos e organizações sociais? O professor "crítico" pode ser tudo isso, mas é pouco. A postura crítica somente se verifica na presença prévia dos elementos constitutivos da didática, basicamente os objetivos, conteúdos e métodos.

É verdade que se requer do educador "crítico" formação e compromissos políticos, mas sua práxis política se manifesta, em primeiro lugar, na sua postura pedagógico-didática, traduzida, concretamente, em formas de trabalho docente que possibilitem o auxílio ao aluno no domínio sólido e duradouro do conhecimento e no desenvolvimento de suas capacidades mentais. O que se quer dizer, em suma, é que a consciência política do professor ganha eficácia e efetividade se ela é refletida em formas didáticas de ampliação do nível cultural e científico dos alunos, se contribui para assegurar rendimento escolar altamente satisfatório e se, pela mediação docente, é capaz de ajudar o aluno a ter pensamento autônomo, coragem de duvidar e interrogar a realidade e capacidade de dar respostas criativas a problemas práticos. Sem isso, é inútil uma pedagogia crítica ou uma didática crítica.

Uma abordagem crítico-social dos conteúdos é uma metodologia de ensino que possibilita aos alunos apreender o objeto de conhecimento nas suas propriedades, características, nas suas relações, nas suas contradições e nexos sociais. Por esse procedimento metodológico os conteúdos são "situados" no mundo de hoje, ampliam a experiência cotidiana, levam a formar valores e convicções diante dos desafios da realidade. Em síntese, é pelo estudo ativo das matérias, pelos métodos de assimilação ativa providos pelo professor, pela observação, análise e síntese em relação aos objetos de conhecimento que os alunos podem desenvolver sua capacidade crítica e formar convicções. Diz G. Snyders que uma pedagogia é crítica quando o aluno se reconhece nas idéias e atitudes às quais o professor o ajuda a chegar, nas experiências que ele mesmo vivenciou com base nos elementos daquilo que lhe foi ensinado; e sobretudo, quando encontra em tal ensino uma resposta mais lúcida a uma dificuldade que havia efetivamente experimentado.

* * *

Para concluir: a discussão sobre a especificidade dos estudos teóricos da Pedagogia e sobre a formação do pedagogo persiste em impasse, da mesma forma que os cursos de formação de professores para o ensino fundamental e médio. Na verdade, a Pedagogia no Brasil vive um grande paradoxo: enquanto se verifica uma intensa pedagogização da sociedade com o impacto das inovações tecnológicas, da informática, dos meios de comunicação da difusão cultural e científica e da propaganda, no meio educacional a Pedagogia encontra-se no descrédito, assim como a atividade docente; os próprios profissionais da área assumem freqüentemente uma atitude irônica diante do seu conteúdo e do próprio processo que representa. Evidentemente há explicações para esse processo de desvalorização da área de investigação e da profissão, e este texto foi uma tentativa de compreendê-lo.

Com efeito, a incursão histórica que fizemos sobre o desenvolvimento de estudos de Pedagogia mostrou como ela foi perdendo prestígio e espaço acadêmico com o movimento da educação nova a partir dos anos 20, mais tarde com o tecnicismo educacional, depois com a onda crítico-reprodutivista dos anos 70-80. Mais recentemente, a carga de contestação vem do chamado pensamento pós-moderno. Estudos recentes têm mostrado as ligações entre Pedagogia e modernidade, destacando o atrelamento do discurso pedagógico corrente à visão iluminista de educação (entre outros, Lyotard, 1988; Market, 1986; Silva, 1994; Giroux, 1993; Libâneo, 1995), a partir do que se alinham posições ora de ruptura com o ideário da modernidade, ora de entendimento da modernidade e a pós-modernidade como momentos coexistentes. Efetivamente, a condição pós-moderna põe à educação desafios bastante concretos. A Pedagogia, herdeira e refém dos ideais da modernidade, precisa continuar postulando seus ideais numa perspectiva crítica, todavia "no interior das condições de existência do mundo pós-moderno e não em oposição a elas" (Giroux, 1993).

É certo que as práticas educativas não suportam mais certezas absolutizadas, mas é impossível à Pedagogia ceder ao relativismo ético. No âmbito da atividade pedagógica, marcos teóricos e morais são cruciais, pois a todo momento são requeridas opções sobre o destino humano, tipo de sujeitos a formar, o futuro da sociedade humana. A Pedagogia, do mesmo modo que outras ciências práticas como a ética e a política, realiza atividades envolvendo relações entre pessoas e grupos sociais, de modo que carrega consigo uma intencionalidade voltada para finalidades formativas implicando um comprometimento moral de seus agentes. Se é verdade que os caminhos da formação humana são hoje mais espinhosos, entre outras razões porque não dispomos de tantas certezas como em outros tempos, por outro lado, não há motivos sólidos para renunciar à necessidade de formar sujeitos racionais mediante a valorização da razão crítica, o resgate do sentido da busca da autonomia e a afirmação de uma ciência não absolutizada conectada ao contexto social e cultural (Rouanet, 1986).

O mundo contemporâneo não apenas apresenta-se como sociedade pedagógica (Beillerot, 1985), como pede ações pedagógicas mais definidas, implicando uma capacitação teórica e profissional de pedagogos e professores muito além daquela que apresentam hoje. Diferentemente de filósofos, sociólogos, historiadores da educação (que hoje, aliás, são maioria nas faculdades de educação), pedagogos e professores exercem uma atividade genuinamente prática, implicando capacidade de decisão, conhecimentos operativos e compromissos éticos. Para isso, sua inserção na condição pós-moderna os obriga a uma abertura científica e tecnológica, de modo a desenvolver uma prática investigativa e profissional interdisciplinar. Precisamente porque a Pedagogia envolve trabalho com uma realidade complexa, faz-se necessário que invista na explicitação da natureza do seu objeto, no refinamento de seus instrumentos de investigação, na incorporação dos desenvolvimentos científicos e tecnológicos, bem como que se insira na gama de práticas e movimentos sociais de cunho intercultural e transnacional referentes à luta pela justiça, pela solidariedade, pela paz e pela vida.

Mas essa síntese interdisciplinar é apenas um passo prévio para definir o que é próprio da Pedagogia, ou seja, investigação da realidade educativa visando, mediante conhecimentos científicos, filosóficos e técnico-profissionais, à explicitação de objetivos e formas de intervenção metodológica e organizativa relacionados com a transmissão/assimilação ativa de saberes. Ressalta-se aí a intencionalidade educativa própria de toda prática social, pois a Pedagogia envolve intervenção humana e, portanto, um comprometimento moral de quem a realiza. É mediante esse caráter ético-normativo que ela pode formular princípios e diretrizes que dão coerência à contribuição das ciências da educação quando estas colocam a ação educativa como referência para suas investigações. Esse papel não pode ser atribuído a qualquer uma das ciências da educação, indiscriminadamente, embora todas possam dar sua contribuição no limite de suas peculiaridades. Além disso, a intencionalidade da prática educativa tem implicações diretas no posicionamento crítico do educador que representa o elo fundamental no processo de formação cultural e científica das novas gerações.

Essas são algumas exigências contemporâneas da formação profissional dos pedagogos e dos professores. Em face da amplitude e complexidade que vão assumindo as práticas educativas na sociedade globalizada, outras instâncias e agentes do processo educativo vão se constituindo forçando o crescimento dos sistemas educacionais e abrindo campos de atuação profissional do pedagogo nos âmbitos escolar e extra-escolar, antes impensáveis.

No âmbito do *escolar*, além dos professores do ensino público e privado em escolas, há aqueles que passam a atuar em atividades docentes fora da escola convencional. Ampliam-se tarefas educativas especializadas requerendo especialistas não-docentes para atuar no sistema de ensino e nas escolas (gestores do sistema escolar, pesquisadores, planejadores, supervisores, coordenadores de ensino, administradores, orientadores educacionais, psicopedagogos). Destacam-se cada vez mais os especialistas em atividades pedagógicas paraescolares em órgãos públicos, privados ou públicos não-estatais (associações oficiais ou não-governamentais, educação de adultos, serviços de assistência a alunos com dificuldades escolares, educação de menores fora da escola etc.).[14]

No âmbito do *extra-escolar*, já se delineiam de forma mais explícita atividades pedagógicas em órgãos públicos estatais e não-estatais, empresas, meios de comunicação, igrejas, organizações não-governamentais. Podem distinguir-se aqui profis-

---

14. A expressão *sociedade pedagógica* é título do livro de Beillerot (1985) e para agrupar as atividades pedagógicas utilizei-me livremente das rubricas indicadas por esse autor (p. 25 e ss.).

sionais que exercem sistematicamente atividades pedagógicas (distintas daquelas que se realizam nas escolas convencionais) e os que ocupam parte de seu tempo nesse tipo de atividades. No primeiro caso, teríamos formadores, instrutores, animadores culturais, trabalhadores sociais, organizadores, orientadores operando em atividades ligadas à cultura e à divulgação científica, ao lazer e desportos, à saúde e cultura corporal, alimentação, promoção social, programas educativos e infantis da televisão e rádio, produção de vídeos, jogos e brinquedos, ao turismo etc. No segundo caso, teríamos formadores ocasionais que ocupariam apenas parte de seu tempo em atividades de transmissão/assimilação de saberes e técnicas ligadas a outras atividades profissionais especializadas, como é o caso de engenheiros, administradores, médicos etc., que exercem tarefas de supervisão do trabalho ou ensino a trabalhadores ou estagiários em seu local de trabalho.

Obviamente, não se está pretendendo explicar a sociedade pela Pedagogia, mas é evidente a tendência de pedagogização da sociedade (não é casual a menção cada vez mais freqüente à *sociedade do conhecimento*), ainda que esse fenômeno envolva a ação de múltiplos agentes sociais, variadas interpretações teóricas e ações inter e transdisciplinares. O que se quer ressaltar é a efetiva ampliação do conceito de educação, a diversificação de atividades educativas e, em conseqüência, da ação pedagógica em múltiplas instâncias. Para o enfrentamento de exigências colocadas pelo mundo contemporâneo são requeridos dos educadores novos objetivos, novas habilidades cognitivas, mais capacidade de pensamento abstrato e flexibilidade de raciocínio, capacidade de percepção de mudanças. Para tanto, repõe-se a necessidade de formação geral e profissional implicando o repensar dos processos de aprendizagem e das formas do aprender a aprender, a familiarização com os meios de comunicação e o domínio da linguagem informacional, o desenvolvimento de competências comunicativas e capacidades criativas para análise de situações novas e cambiantes.

Impõe-se, assim, de forma crucial a reconstrução da Pedagogia e a ampliação do campo de ação profissional do pedagogo (especialista em educação) paralelamente a um expressivo esforço de organização de um sistema nacional de formação inicial e continuada de professores para o ensino fundamental e médio, tal como se tem pensado em países europeus e alguns latino-americanos. O desenvolvimento da ciência pedagógica e a reflexão teórica sobre a problemática educativa na sua multidimensionalidade, entretanto, seria o pressuposto para a reconfiguração da identidade profissional dos professores, para além de sua especialização na ciência/matéria de ensino em que deve ser formado. Há, assim, evidências de que a Pedagogia e o curso de formação profissional que lhe corresponde não só não esgotou suas possibilidades de investigação teórica como têm pela frente grandes tarefas sociopolíticas.

Referências bibliográficas

ALVES, Nilda. Formação do jovem professor para a educação básica. *Cadernos CEDES*. O profissional do ensino — debates sobre sua formação, nº 17. São Paulo, Cortez/CEDES, 1986.

ANFOPE. *Documento final*. Encontro Nacional do Projeto de Reformulação dos cursos de preparação de Recursos Humanos para a Educação, 1983.

______. *Documento final*. VII Encontro Nacional, Niterói, 1994.

ANÍSIO, Pedro. *Tratado de pedagogia*. Rio de Janeiro, Editora da Organização Simões, 1955.

BEILLEROT, Jacky. *A sociedade pedagógica*. Porto, Rés Editora, 1985.

BENEDITO, Vicente. *Introducción a la didáctica. Fundamentación teórica y diseño curricular.* Barcelona, Barcanova, 1987.

BERNARDO, Maristela V. C. O surgimento e a trajetória da formação do professor secundário nas universidades estaduais paulistas. In: ______. (Org.). *Formação do professor: atualizando o debate*. São Paulo, Educ, 1989.

BOMENY, Helena. Faculdades de Educação, cursos de pedagogia e crise do ensino. *Ensaio: Aval. Pol. Públ. Educ*. Rio de Janeiro, 3 (6): 87-112, jan.-mar. 1995.

BONILHA, Estatuto de cientificidade da Pedagogia. In: PIMENTA, Selma G. (Org.). *Pedagogia, ciência da educação?* São Paulo, Cortez, 1996.

BRASIL — Ministério da Educação e Cultura — Conselho Federal de Educação. *Currículos mínimos dos cursos superiores*. Sep. das Documenta nº 33. Rio de Janeiro, 1970. (Par. 161/86).

BRZEZINSKI, Iria. Formação de professores: dilemas e perspectivas. Contradições e ambigüidades no curso de Pedagogia. Do professor primário ao professor primário. *Anais do VII Encontro Nacional de Didática e Prática de Ensino*. Goiânia, 1994.

CAMPOS, Paulo de A. A Faculdade de Educação na atual estrutura universitária brasileira. *Revista Brasileira de Estudos Pedagógicos*. INEP/MEC, 53 (118), abr.-jun. 1970.

CARRASCO, Joaquín G. *La ciencia de la educación. Pedagogos, para qué?* Madrid, Santillana, 1985.

CASTRO, Amélia D. de. *A licenciatura no Brasil*. Sep. da Revista de História (USP), (100): 634-5, 1974.

______. É possível prever o futuro dos estudos pedagógicos no Brasil? *Revista Didata*, São Paulo, nº 5, 1976.

CHAGAS, Valnir. A Faculdade de Educação e a renovação do ensino superior. *Revista Brasileira de Estudos Pedagógicos*. INEP/MEC, 47 (105), jan.-mar. 1967.

______. *Formação do magistério: novo sistema*. São Paulo, Atlas, 1976.

CHAVES, Eduardo O. C. O curso de pedagogia: um breve histórico e um resumo da situação atual. *Cadernos do CEDES*. A formação do educador em debate. São Paulo, 1 (2): 47-69, 1981.

CURY, Carlos R. J. *Educação e contradição*. São Paulo, Cortez/Autores Associados, 1985.

DEWEY, John. *La ciencia de la educación*. Buenos Aires, Losada, 1968.

______. *Democracia e educação*. São Paulo, Nacional, 1979.

DOMINGO, José C. *Enseñanza, currículum y profesorado — Introducción crítica a la didáctica*. Madrid, Akal, 1991.

ESTRELA, Albano. *Pedagogia ou ciência da educação?* Porto, Porto Editora, 1992.

FREITAS, Luís C. Projeto histórico, ciência pedagógica e "didática". *Educação e Sociedade,* Campinas, (27): 122-40, set. 1987.

GIROUX, Henry A. O pós-modernismo e o discurso da crítica educacional. In: SILVA, Tomaz T. da (Org.). *Teoria educacional crítica em tempos pós-modernos.* Porto Alegre, Artes Médicas, 1993.

KLINGBERG, Lothar. *Introducción a la didáctica general.* Ciudad de la Habana, Editorial Pueblo y Educación, 1977.

LIBÂNEO, José C. *Democratização da escola pública. A pedagogia crítico-social dos conteúdos.* São Paulo, Loyola, 1985.

______. *Fundamentos teóricos e práticos do trabalho docente. Estudo introdutório sobre Pedagogia e Didática.* Tese de doutorado. São Paulo, PUC-SP, 1990.

______. *Didática,* São Paulo, Cortez, 1992a.

______. Os significados da educação, modalidades de prática educativa e a organização do sistema educacional. *Revista Inter-Ação.* Goiânia, 16 (1-2): 69-90, jan.-dez. 1992b.

______. Contribuição das Ciências da educação na constituição do objeto de estudo da Didática. Anais do VII ENDIPE — Encontro Nacional de Didática e Prática de Ensino. Goiânia-GO, p. 65-78, 1994.

______. Pedagogia e modernidade: presente e futuro da escola. *Seminário Nacional Infância, Escola, Modernidade.* Universidade Federal do Paraná, 1995.

______. Que destino os educadores darão à pedagogia? In: PIMENTA, Selma G. (coord.). *Pedagogia, ciência da educação?* São Paulo, Cortez, 1996.

LYOTARD, Jean-François. *O pós-moderno.* Rio de Janeiro, José Olympio, 1988.

MANACORDA, Mario A. Entrevista concedida a Maria de Lourdes de Camalis. *Ande,* São Paulo, n. 10, 1986.

MARKET, Werner. Ciência da educação entre modernidade e pós-modernismo. *Revista Brasileira de Estudos Pedagógicos.* Brasília, 67 (156): 306-19, maio-ago. 1986.

MARQUES, Mario O. *A formação do profissional da educação.* Ijuí, Editora Unijuí, 1992.

MARX, Karl. *O Capital.* São Paulo, v. I, l. 2, Difel, 1982.

MAZZOTTI, Tarso B. Estatuto de cientificidade da pedagogia. In: PIMENTA, Selma G. (coord). *Pedagogia, ciência da educação?* São Paulo, Cortez, 1996.

MELLO, Guiomar N. de. *Magistério de 1º Grau — Da competência técnica ao compromisso político.* São Paulo, Cortez/Autores Associados, 1982.

MELLO, Guiomar N. de. et al. As atuais condições de formação do professor de 1º grau: algumas reflexões e hipóteses de investigação. *Cadernos de Pesquisa.* São Paulo, (45): 71-8, maio. 1983.

MIALARET, Gaston. *As ciências da educação.* Lisboa, Moraes, 1976.

______. *Pédagogie générale.* Paris, Presses Universitaires de France, 1991.

NAGLE, Jorge. A extinção do curso de pedagogia e a preparação de especialistas em educação. *Educação e Sociedade*, São Paulo, nº 3, Cortez/Autores Associados/CEDES, maio. 1979.

NÓVOA, António. *As Ciências da Educação e os Processos de Mudança.* In: PIMENTA, Selma G. (coord.) *Pedagogia, ciência da educação*? São Paulo, Cortez, 1996.

PAIVA, Vanilda P. *Educação popular e educação de adultos.* São Paulo, Loyola, 1983.

PENTEADO, José de A. *A consciência didática no pensamento pedagógico de Rui Barbosa.* São Paulo, Nacional, 1984.

PIMENTA, Selma G. *O pedagogo na escola pública.* São Paulo, Loyola, 1988.

______. (coord.) *Pedagogia, ciência da educação*? São Paulo, Cortez, 1996.

______. Para uma re-significação da didática. Ciências da educação, pedagogia e didática — Uma revisão conceitual e uma reflexão provisória. *VIII Encontro Nacional de Didática e Prática de Ensino.* Florianópolis, 1996b.

REIS FILHO, Casemiro. *A educação e a ilusão liberal.* São Paulo, Cortez/Autores Associados, 1981.

ROUANET, Sérgio P. Do pós-moderno ao neomoderno. *Tempo Brasileiro.* Rio de Janeiro, (84): 86-97, jan.-mar. 1986.

SANTOS, Theobaldo M. *Noções de didática geral.* São Paulo, Nacional, 1958.

SARRAMONA, Jaime & MARQUES, Salomó. *¿Qué es la pedagogía? Una respuesta actual.* Barcelona, Ediciones CEAC, 1985.

SAVIANI, Dermeval. Tendências e correntes da educação brasileira. In: TRIGUEIRO, Durmeval. *A filosofia da educação no Brasil.* Rio de Janeiro, Civilização Brasileira, 1983.

______. *Escola e democracia.* São Paulo, Cortez, 1984a.

______. *Pedagogia histórico-crítica: primeiras aproximações.* São Paulo, Autores Associados, 1994b.

SCHIMIED-KOWARZIK, W. *Pedagogia dialética.* São Paulo, Brasiliense, 1983.

SEVERINO, Antônio, J. Formação profissional do educador: pressupostos filosóficos e implicações curriculares. *Ande*, (17): 29-40, 1991.

______. O campo do conhecimento pedagógico e a interdisciplinaridade. *Encontro de pedagogia e de disciplinas pedagógicas da licenciatura.* Goiânia, 1995. Mimeografado.

SUCHODOLSKI, Bogdan. *La educación humana del hombre.* Barcelona, Laia, 1977.

SUCUPIRA, Newton. Da Faculdade de Filosofia à Faculdade de Educação. *Revista Brasileira de Estudos Pedagógicos.* MEC/INEP, 51 (114), abr.-jun., 1969.

SILVA, Carmen S. B. da. A reforma universitária e o curso de pedagogia: determinações e limites. *Didática.* São Paulo, (24): 31-45, 1988.

SILVA, Rose N. et al. *Formação de professores no Brasil: um estudo analítico e bibliográfico.* São Paulo, Fundação Carlos Chagas/Reduc, 1991.

SILVA, Tomaz T. O adeus às metanarrativas educacionais. *Anais do VII Encontro Nacional de Didática e Prática de Ensino.* Goiânia, 1994.

TEIXEIRA, Anísio. *Educação progressiva.* São Paulo, Nacional, 1950.

VAZQUEZ, Adolfo S. *Filosofia da práxis.* Rio de Janeiro, Paz e Terra, 1977.

VISALBERGHI, Aldo. *Pedagogia e scienze dell'educazione.* Milano, Arnoldo Mondadori Editore, 1983.

VON CUBE, Felix. *La ciencia de la educación*. Barcelona, Ediciones CEAC, 1981.

WARDE, Miriam J. A estrutura universitária e a formação de professores. *Perspectiva* (Rev. C. de Ciências da Educação, UFSC), (20): 127-43, ago.-dez. 1993.

WILLMANN, Otto. *A ciência da educação*. Porto Alegre, Globo, 1952.

CAPÍTULO V

PEDAGOGIA E MODERNIDADE: PRESENTE E FUTURO DA ESCOLA

A discussão atual do papel da educação ante as novas realidades econômicas, políticas e culturais, definidoras do mundo contemporâneo, faz repor os temas da Pedagogia, da modernidade e das novas tarefas da escola. Há alguns anos, boa parte dos educadores críticos tinha mais convicções e certezas do que têm hoje. Embora partidários da crítica radical da industrialização e da modernização capitalistas instauradas sob o signo da modernidade, esses educadores investiam num projeto, também moderno, de emancipação universal da humanidade. Numa concepção emancipatória, a educação seria o grande fator de humanização, já que ela prepararia os indivíduos para participar na reestruturação da própria civilização tendo em vista o desenvolvimento de toda a humanidade. Sabe-se, hoje, que tal empreitada é bem mais espinhosa do que parecia. As perguntas que nos fazemos são incômodas. Quais são as perspectivas do futuro para o qual temos de preparar os indivíduos? A educação escolar subsistirá ao impacto da sociedade da informação, das novas tecnologias e dos novos meios de comunicação? É possível conciliar o projeto de emancipação humana com os novos padrões econômicos de produção e competitividade? A quem interessa o discurso atual de revalorização da educação básica?

Os educadores saberão confrontar as críticas pós-modernas à Pedagogia, à escola e ao ensino convencional? Ainda é possível acreditar que a escola seja o lugar de desenvolvimento da razão humana, base para a liberdade intelectual e política?

Tenho aqui a oportunidade de fazer um exercício de reflexão sobre essas questões, de pensar alto, de compartilhar preocupações e tentar compreender melhor os dilemas postos à educação brasileira no momento presente. Não creio que possa trazer análises originais, nem que tenha clareza sobre saídas para essas questões e dilemas. Entretanto, é preciso reavaliar, reconstituir ou, no mínimo, enriquecer os princípios de uma Pedagogia Crítico-Social em face de desafios postos pelas realidades contemporâneas.

Os estudos a que venho me dedicando há mais de dez anos têm se orientado no âmbito da teoria crítica da educação, numa versão que veio a denominar-se *Pedagogia Crítico-Social.* Schmied-Kowarzik (1983: 15), em livro originalmente publicado em 1974, ressaltava os limites da ciência crítica da educação tal como exposta pelos frankfurtianos. Embora ela se propusesse a fazer a crítica do não cumprimento da exigência emancipatória da educação pela sociedade burguesa e, agindo assim, colocando o conhecimento a serviço da emancipação e libertação dos homens, ela não teria dado conta de "ultrapassar os limites de sua investigação crítica de cada realidade educacional dada", tornando-se impossibilitada de se tornar uma teoria da prática que pudesse orientar e guiar a práxis educacional futura. Ao lado de outros pesquisadores, busco um investimento teórico numa proposta pedagógica que, como escreve Suchodolski, seja uma prática teórica e uma teoria prática, considerando insatisfatória uma posição perante a educação que se restrinja a uma crítica ao existente sem poder sair de si mesma e influir no direcionamento da prática educativa concreta. Continuo, pois, preservando certas premissas da educação crítica de inspiração marxista, abrindo-me, todavia, às possibilidades de incorporação de outros referenciais, desde que ajudem a conhecer melhor a natureza da ação pedagógica, os agentes da prática educativa, as conexões com outras práticas sociais, as formas de organização da escola e da sala de aula e, envolvendo tudo, a situação histórico-social global em que se inserem e em que atuam. Ou seja, o núcleo da minha proposta talvez continue sendo, basicamente, a relação teoria-prática na práxis educativa e suas mediações, dentro de um marco teórico definido.

Com essas considerações iniciais, passo a anunciar os pontos que espero tratar nesta exposição. No primeiro, apresento uma posição sobre a Pedagogia, apontando minha visão sobre os problemas que o campo teórico e prático dessa área vêm enfrentando atualmente. No segundo, proponho-me a situar a Pedagogia escolar no embate entre o pensamento moderno e o pensamento pós-moderno. Finalmente, no terceiro, exponho algumas idéias que me pareceriam adequadas para pensar a escola no contexto das transformações correntes na nossa sociedade.

Vicissitudes e impasses atuais da Pedagogia

A Pedagogia hoje, no Brasil, vive um grande paradoxo. Por um lado, ela está em alta na sociedade. Nos meios de comunicação, nos movimentos ecológicos, nas ONGs, e em alguns meios profissionais, sindicais, políticos, assiste-se à redescoberta do "pedagógico", a ponto de falar-se de uma *sociedade pedagógica.* Por outro lado, essa mesma Pedagogia está em baixa em setores intelectuais e profissionais do meio educacional que assumem, freqüentemente, uma atitude irônica ante o seu conteúdo e o próprio processo que ela representa.

Assim, enquanto assistimos ao desenvolvimento e aos desdobramentos de uma sociedade eminentemente pedagógica, com a força dos meios de comunicação social, pela difusão de signos, pela capacidade da mídia em fazer as cabeças, no meio educacional se discute se há pertinência ou não de uma ciência pedagógica, se deve ou não existir um curso de Pedagogia, se existe ou não trabalho para os pedagogos, se o licenciando precisa ou não de formação pedagógico-didática, se a escola resiste ou não à crítica pós-moderna. Esse paradoxo é mais expressivo do que parece. Ele estaria revelando, por exemplo, algo que há muito tempo se diz: muda a sociedade e somente mais tarde muda a educação. Estaria revelando, também, que muitos teóricos e pesquisadores da educação (principalmente os que não se dedicam aos temas propriamente pedagógicos) são extremamente dedicados a fazer especulações genéricas sobre questões educacionais conexas ao seu próprio campo de investigação, mas pouco atentos ao que ocorre na sociedade e no cotidiano da escola. Estaria revelando, ainda, um alto grau de corporativismo intelectual marcado pela disputa de espaço profissional: a ironização do campo de atividade propriamente pedagógica estaria se dando em função de fortalecer outros campos profissionais. Aliado a isso, estaria, sem dúvida, a débil tradição da ciência pedagógica no Brasil e uma atuação teórica pouco expressiva dos pedagogos de formação.

Em razão dessas considerações é preciso, primeiro, explicitar em que consiste o campo do *pedagógico*. Defino Pedagogia como a teoria e a prática da educação. A educação é uma ação e um processo de formação pelo qual os indivíduos podem integrar-se criativamente na cultura em que vivem. Genericamente, a Pedagogia é uma ciência da formação humana. Quanto ao seu objeto — o ato educativo —, é plural, por isso há várias vias de acesso para analisá-lo e compreendê-lo: o sociológico, o econômico, o psicológico, o biológico etc. A Pedagogia situa-se entre as ciências que dão o suporte teórico a essas vias de acesso; entretanto, distingue-se delas por ter a tarefa de integrar os enfoques parciais do fenômeno educativo para analisá-lo em sua globalidade. Além disso, há múltiplas modalidades de prática educativa, portanto, muitas formas de intervenção pedagógica, tais como a Pedagogia familiar, a Pedagogia profissional, a Pedagogia social, a Pedagogia escolar.

Não há lugar agora para se discutir as questões epistemológicas que envolvem o estatuto científico da Pedagogia, por sinal, uma das suas vicissitudes. Interessa precisá-la, ao menos, como disciplina que trata, de forma intencional e globalizada, dos problemas propriamente educativos, ou seja, dos processos formativos. Mais especificamente, a Pedagogia ocupa-se das práticas educativas intencionais destinadas a favorecer o desenvolvimento dos indivíduos no interior de sua cultura por meio de processos de transmissão e assimilação ativa de experiências, saberes e modos de ação culturalmente organizados. Para tanto, mobiliza um numeroso contingente de profissionais, em torno de um considerável conjunto de atividades no ensino, na educação de adultos, na educação continuada, nas empresas, nos meios de comunicação, nos sindicatos, no lazer e nos esportes, nos movimentos sociais etc.

Breve incursão histórica

Certamente a Pedagogia existe desde que houve necessidade de cuidar de crianças e de promover sua inserção num contexto social. Todavia, sua institucionalização ocorre com a modernidade, por volta do século XVI. Mialaret (1991: 6) menciona a definição do termo pedagogo num dicionário francês de 1690: "Pedagogo: mestre ao qual se dá o encargo de instruir e de educar um aluno, de ensinar-lhe gramática e de vigiar (*prendre garde*) suas ações". Vê-se que o termo está associado ao saber, à instrução e educação por meio do saber ou, num entendimento mais livre, à idéia de formação.

A Pedagogia e toda a base do seu discurso teórico é fruto da modernidade, achando-se ligada a acontecimentos cruciais como a Reforma, o Iluminismo, a Revolução Francesa, a Industrialização e a idéias como a natureza humana universal, a autonomia do sujeito, a educabilidade humana, a emancipação humana pela razão. O século XVII lança as bases do movimento científico e filosófico que vão dar o lastro para a Ilustração. A Pedagogia realista de Ratke, Comênio e Locke traz para a educação o que Bacon propunha para a ciência da época: o conhecimento vem da experiência, portanto, deve começar pelo estudo da natureza, pelo conhecimento das coisas. Se a referência é a natureza, também deve-se respeitar a natureza da criança. Junto, pois, com uma mudança de método, temos uma atenção nova à individualidade do educando. Ao mesmo tempo, Comênio enaltece o poder da formação da razão como condição para o governo dos povos, como busca da fraternidade entre os homens para superação das diferenças políticas e religiosas.

Não é casual que Comênio seja considerado o fundador da pedagogia moderna, inaugurando a orientação que se tornará dominante a partir do Iluminismo: a de que a educação é a garantia da formação do homem para a humanidade, "a escola é uma verdadeira oficina de homens [...] onde absolutamente tudo seja ensinado absolutamente a todos" (Comênio, 1957: 155). Vale a pena recordar algumas de suas frases:

> Todo homem nasce apto por natureza para adquirir conhecimento das coisas: primeiro, porque é imagem de Deus. (Segundo) porque é resumo do universo (microcosmo). Não é necessário, portanto, introduzir nada no homem a partir do exterior, mas apenas fazer germinar e desenvolver as coisas das quais ele contém o gérmen em si mesmo e fazer-lhe ver qual a sua natureza (p. 102-4).
>
> Ninguém acredite que o homem pode verdadeiramente ser homem, a não ser aquele que aprendeu a agir como homem, isto é, aquele que foi formado nas virtudes que fazem o homem. [...] A cultura é necessária a todos. [...] A criatura racional não deve ser conduzida por meio de gritos, de prisões e de bastonadas, mas pela razão (p. 120-5).
>
> Devem ser enviados às escolas não apenas os filhos dos ricos ou dos cidadãos principais, mas todos por igual, nobres e plebeus, ricos e pobres, rapazes e raparigas (p. 139).

Há uma polêmica sobre se Comênio é moderno ou não-moderno; entretanto, há consenso de que ele antecipa algumas linhas da pedagogia moderna: a perfectibilidade da natureza humana, o poder da razão, a instrução igual para todos por conta do Estado, a cultura geral como condição para o consenso. Tais posições refletem o mundo burguês em suas várias formas e as novas condições de produção nos países em que se construía o capitalismo (Paiva, 1983). Nesse sentido, ressalta Paiva, outro dos méritos de Comênio é que ele propõe uma pedagogia "política", ou seja, ele conecta sua didática a uma proposta sociopolítica globalizante. A autora menciona, ainda, que a recuperação da obra de Comênio ocorreu exatamente quando o mundo do pós-guerra se viu diante de uma verdadeira indigência pedagógica — embora dispondo de enormes conhecimentos técnico-didáticos — carecendo exatamente de uma pedagogia política. Ele perseguia o ideal de uma unidade política e religiosa por meio da ciência universal, da sabedoria universal, apoiadas na razão e na fé.

O século XVIII é chamado o século da Pedagogia, não apenas porque nele surgem grandes nomes da pedagogia clássica, como Rousseau e Pestalozzi, mas porque se desenvolve a educação pública estatal e inicia-se a educação nacional. O Século das Luzes, do esclarecimento, que na Pedagogia é representado pelo ideal de formação da personalidade plena, da educação integral fundada na razão universal, é cheio de otimismo quanto à possibilidade de produzir um mundo melhor mediante a educação da juventude.

Pertence ao século XVIII o desenvolvimento da educação pública estatal, a educação para a cidadania, para a nacionalidade, a adoção do princípio da educação universal, gratuita e obrigatória, a organização das escolas em torno da primazia da razão universal que une os pensadores e educadores e da crença do poder racional na vida dos indivíduos e dos povos. Luzuriaga (1971: 155) expressa-se com muita propriedade quando afirma que as transformações políticas desfechadas pela Revolução Francesa fazem com que a educação estatal, a educação do súdito, própria da monarquia absoluta, se converta em educação nacional, na educação do cidadão, que há de participar do governo do país.

O século XIX se distingue por mergulhar a teoria educacional mais a fundo na modernidade, inaugurando a cientificidade da Pedagogia. Com Herbart, o saber sobre a educação desvincula-se da Filosofia e torna-se saber científico, como conhecimento metódico, sistematizado e unificado. Herbart dá um importante passo na cimentação teórica da Pedagogia quando a institui sobre dois pilares: a Ética e a Psicologia. Na Ética encontram-se os fins de toda a educação, já que seu fim supremo é a formação da vontade por meio da instrução. Essa educação moral persegue cinco ideais: a liberdade interior, a perfeição, a benevolência, o direito e a eqüidade, nada mais que ideais referenciadores do pensamento moderno. A Psicologia propicia os meios da educação. Herbart é, pois, legítimo herdeiro do Iluminismo, colocando a educação como base para a humanização.

> O mais elevado que a humanidade pode fazer em cada etapa da história é apresentar concentradamente à geração jovem o benefício de seus ensaios anteriores, seja como ensino seja como advertência (Herbart, s.d.: 63).

Dewey, no começo do século XX, lança fortes críticas a Herbart, por este ter exagerado no papel atribuído às matérias de estudo para o desenvolvimento mental e moral. Para Dewey, a idéia de educação pela instrução é a formação do espírito por meio da matéria apresentada do exterior. Mas ele próprio não deixa de preservar a herança iluminista. Escreve, por exemplo:

> A sociedade não só continua a existir pela transmissão, pela comunicação, como também se pode perfeitamente dizer que ela é transmissão e é comunicação. Os homens vivem em comunidade em virtude das coisas que têm em comum; e a comunicação é o meio por que chegam a possuir coisas comuns. O que eles devem ter em comum para formar uma comunidade ou sociedade são os objetivos, as crenças, as aspirações, os conhecimentos — um modo comum de compreender (Dewey, 1979: 4).

Dewey expressa, pois, o vínculo educação-sociedade, afirmando claramente a exigência de que a escola, ao mesmo tempo que é expressão da sociedade existente, atue também na preparação de uma sociedade diferente, mais justa. Neste sentido, Dewey distingue-se de Durkheim que, embora tenha formulado com muita clareza a dependência da educação em relação à sociedade, mantém-se numa posição conservadora fazendo da escola uma simples função da sociedade "organicamente" concebida.

A Pedagogia ainda convive com os paradigmas clássicos, como mostram autores que estudaram sua ressonância na prática escolar brasileira (entre outros, Saviani, 1983; Libâneo, 1985; Mizukami, 1987). Esses e outros estudos mostram uma compreensão diversa da Pedagogia, expressa em posições ou tendências, demarcando distintos modos de entendimento do processo de formação humana.

Diferenciam-se, assim, concepções da relação entre teoria e prática, da natureza do educando, da relação pedagógica, do caráter empírico, científico, filosófico ou ético dos fatos educacionais e, particularmente, sua posição diante de relações sociais e econômicas concretas. As pedagogias de cunho crítico destacaram-se das demais por entender que o processo social global da produção co-determina a constituição de seu objeto, a educação, de modo que a formação e a educação ganham uma concreção histórico-social.

A conexão da Pedagogia com a dinâmica concreta das relações sociais encontrou em propostas de inspiração marxista respostas bastante satisfatórias, centradas basicamente na idéia da educação como elemento de emancipação humana e força propulsora da transformação das relações sociais. Nesse caso, ela teria a tarefa sociopolítica de auxiliar os indivíduos a adquirirem autoconsciência do seu lugar na democratização e humanização da sociedade e, ao mesmo tempo, auxiliar os educadores a computarem na sua prática os elementos políticos, sociais, psicológicos, organizacionais etc. Ou mais resumidamente: nenhuma proposta pedagógica pretendeu fazer com tamanha insistência a ligação entre o saber e a política.

Também não passou despercebido, especialmente na Pedagogia Crítico-Social, o reconhecimento da existência de várias e diferentes práticas educativas na sociedade, de modo que não se reduzia o educativo ao escolar. Todavia, buscou-se explicitar uma Pedagogia Escolar e investir teoricamente no sentido de aclarar seu campo de investigação contra os reducionismos (psicologismo, sociologismo etc.) e definir sua especificidade temática sem, todavia, disputar no conjunto das ciências da educação exclusividade no tratamento científico das questões educativas.

Paiva (1993) menciona vários momentos do debate mundial em torno da educação. Nos anos 70 destaca a crítica à subordinação do setor educacional aos interesses do capital, ressaltando os estudos em Sociologia da Educação sobre o papel da educação na reprodução social. Embora constate nesse período evidências de ampliação do acesso aos vários níveis de ensino, menciona que a educação perdeu importância no discurso político-econômico e que a qualidade de ensino decaiu em quase todo o mundo.

Nos últimos dez anos, segundo a autora, surge no meio acadêmico e político uma versão nova e mais sofisticada da economia da educação, ao mesmo tempo que refluem as análises sociológicas e políticas. O papel da educação nas sociedades é requisitado pelas mudanças ocorridas na base produtiva — a generalização da microeletrônica, da comunicação — que tem a ver com uma nova onda de racionalização dos processos produtivos e um novo paradigma de desenvolvimento. O paradigma produtivo traz à tona questões novas e insuspeitadas pelos educadores até bem pouco tempo, como: efeitos da informatização, flexibilidade do processo produtivo, reorganização do trabalho, precarização do emprego, alterações na composição do mercado de trabalho, requalificação profissional etc. As conseqüências disto para a educação são conhecidas: necessidade de maior qualificação do trabalhador e revalorização da escola por parte da indústria. Isto implica mudanças na formação como: bom domínio da linguagem oral e escrita, conhecimentos científicos básicos, iniciação às linguagens da informática. Requer-se, também, maior flexibilidade mental, agilidade de raciocínio, capacidade de abstração etc.

Sociedade pedagógica

O termo sociedade pedagógica é o título do livro de um autor francês, Jacky Beillerot (1985). O livro trata da extensão da ação pedagógica a outros âmbitos além da escola, como em práticas de divulgação e simbolização: ação informativa, propagandística, cultural, política. O autor aponta a presença da pedagogia em muitas atividades da vida cotidiana: desenvolvimento de programas de medicina preventiva e informação sanitária, ensino de temas da sexualidade e de relações humanas, aulas de educação física pela televisão e rádio ou em academias sob a responsabilidade de um monitor, atividades coordenadas de recreação e lazer nos clubes e associações de saúde preventiva, crescimento do número de congressos, organizações políticas, científicas, sindicais; aumento da publicação de livros, dicionários etc. (p. 18-38). Poderíamos enumerar outras tantas como: clínicas de tratamento de saúde, cursos de capacitação e aperfeiçoamento profissional em serviço, universidade da terceira idade, programas de rádio para orientação sexual, jurídica etc., campanhas institucionais na televisão sobre ecologia, AIDS etc., discussão do orçamento com a população, associação de alcoólatras anônimos, confecção de dicionários e enciclopédias lançados em encartes de revistas, livros em disquetes ou CD-ROM, *outdoors* nas estradas. Como diz Beillerot,

> tudo se desenrola como se a vida social nos nossos regimes democráticos e liberais tivesse a necessidade crescente de adesão obediente, convicção. [...] Atividades humanas e sociais que até há pouco ocorriam fora da relação pedagógica tornam-se hoje objetos de educação pelos mais diversos canais (p. 20-1).

Por exemplo, a presença de um presidente da República diante de um quadro-negro, transmitida pela televisão para todo o país. Não é casual que a mídia tenha escolhido essa imagem para marcar o lançamento de um projeto oficial de educação.

Beillerot sugere que ação pedagógica ocorre hoje em três grandes modalidades. A primeira agrupa profissionais que exercem atividade pedagógica em tempo integral, são os professores de todos os graus de ensino, monitores, educadores de adultos, pedagogos, agentes de treinamento e formação etc. A segunda refere-se a profissionais que ocupam parte de seu tempo de trabalho em uma atividade pedagógica. Por exemplo, os formadores ocasionais na fábrica (operários qualificados, técnicos, engenheiros, supervisores de estágios, especialistas que vão ministrar cursos em fábricas e escritórios), vendedores que precisam demonstrar o funcionamento de um aparelho, consultores, bem como profissionais que realizam uma ação pedagógica indireta, como os administradores de pessoal, redatores de jornal, técnicos de propaganda e publicidade, criadores de filmes e vídeos pedagógicos, brinquedos, guias de cidades, mapas, enciclopédias, os quadros político-partidários e sindicais ocupados com formação de militantes e formação de opinião, jornalistas de imprensa, rádio, televisão e profissionais que atuam em ações culturais como cinema, teatro etc. Como se vê, trata-se de ações pedagógicas ora explícitas, ora implícitas, de alguma forma ligadas à transmissão de saberes, práticas e modos de ação, à formação continuada, ou a práticas que visam explicar, demonstrar, convencer a opinião pública ou a fazer entender, distrair, ensinar. A terceira modalidade de ação pedagógica, segundo o autor, são aquelas não ligadas diretamente ao mundo profissional, mas à vida privada e social, tais como a que ocorre na família, na rua, na cidade e atividades pedagógicas voluntárias em partidos, associações, movimentos.

Pode parecer exagero mencionar todas essas formas de pedagogização da sociedade. Todavia, o que se constata não é mais do que a evidência do entendimento já bastante unânime entre os educadores da ampliação do conceito de educação e das práticas educativas. Se a toda educação corresponde uma pedagogia, então não é de estranhar que chamemos de *pedagógicas* aquelas várias manifestações de prática educativa. Não se trata da pretensão que a sociedade possa ser explicada pela Pedagogia, ademais uma atitude ingênua. Mas se o campo do pedagógico refere-se a tudo o que diz respeito à transmissão de saberes e modos de ação, implicando intencionalidades mais ou menos explícitas, pode-se falar, efetivamente, de uma pedagogização da sociedade, por mais que esse fenômeno envolva a aplicação de vários campos do conhecimento e a ação de muitos agentes sociais. Um documento recente da Unesco, escrito por E. Morin, propõe uma "cidade educativa, uma escola dotada com uma dimensão global e permanente, correspondendo ao alargamento da função educativa às dimensões da sociedade na sua totalidade".

A "crise" da Pedagogia e das instituições ligadas à difusão do saber

Se há um fenômeno evidente de pedagogização da sociedade, por que a Pedagogia e o pedagógico têm sido desvalorizados? Por que essa má fama do termo e do próprio processo?

Se pudéssemos fazer uma incursão sobre o desenvolvimento dos estudos de Pedagogia no Brasil, veríamos como a Pedagogia como ciência geral da educação foi perdendo prestígio e espaço acadêmico com o movimento da educação nova a partir da década de 1920, mais tarde com o tecnicismo educacional, depois com a crítica antiautoritária e os estudos sobre a reprodução social, hoje com o pós-modernismo. Certamente a Pedagogia tem vulnerabilidades, configurando uma crise em vários aspectos: na determinação da especificidade do seu saber; no reconhecimento social do seu campo profissional; no grau de desempenho e eficiência das instituições e dos educadores. O diagnóstico não pára aí, mas esses aspectos são suficientes para uma breve pontuação.

O primeiro aspecto refere-se à especificidade do saber pedagógico. Há, efetivamente, uma problemática epistemológica como há, também, a secundarização das Ciências Humanas por conta de uma racionalidade instrumental e tecnicista; ou seja, fala-se da crise epistemológica não só da Pedagogia, mas das Ciências Humanas. Entretanto, entre os próprios pesquisadores das chamadas Ciências da Educação, a Pedagogia é desvalorizada como campo de conhecimento com os mais variados argumentos: a educação é uma tarefa prática, situando-se mais no campo da arte e da intuição do que no da investigação; a Pedagogia ocupa-se de finalidades, valores, não passíveis de análise científica; a educação é objeto de várias ciências, não cabendo a nenhum campo teórico exclusividade no trato de sua problemática. A frágil tradição teórica da ciência pedagógica no Brasil faz com que os pedagogos não sustentem a defesa teórica de sua área, enfraquecendo seu prestígio acadêmico.

Outro problema diz respeito ao reconhecimento social do campo de atividade profissional. Há que se considerar o lado da retórica dos governantes e políticos e o lado real. Nunca se falou tanto da valorização da educação, do magistério, e nunca a atividade pedagógico-docente foi tão desvalorizada, especialmente a partir das políticas públicas. É notório que os sistemas públicos reduziram o investimento na educação, seja qual tenha sido a razão. A remuneração de professores caiu sensivelmente, levando a uma degradação sem precedentes do exercício profissional; levas de professores estão deixando a profissão. Sob pretexto do baixo salário, e com uma formação profissional deficiente, o professor torna-se um mero cumpridor de obrigações, reduzindo sua auto-estima e comprometendo seu profissionalismo. No próprio meio acadêmico, certas análises da escola no capitalismo enfatizaram seu papel repressivo, reprodutor e seletivo, levando a denegrir seus profissionais, provocando neles um profundo mal-estar por serem professores e um sentimento de impotência. Pela via de um argumento político-ideológico discutível é negado o sentido e a utilidade do trabalho pedagógico. É uma estranha conduta: o profissional denuncia sua própria tarefa, faz uma gozação de si próprio, mina a instituição e denigre seu próprio trabalho. Está aí mais uma contribuição para o enfraquecimento do prestígio da atividade profissional do educador.

Finalmente, o terceiro aspecto da crise da Pedagogia é o fato de que instituições especializadas ligadas ao campo pedagógico não conseguem provar bom desempenho e eficiência, principalmente as vinculadas ao sistema escolar, provocando na opinião pública um descontentamento com a instituição escolar. Alguns fatores podem explicar as dificuldades da eficácia interna das escolas: o descaso ou a incapacidade dos governos de viabilizar um sistema de ensino de qualidade, a degradação dos salários dos pedagogos e professores, as deficiências de formação do professorado, a ausência de metodologias adequadas para enfrentar a diversificação de culturas na sala de aula. Os resultados desse estado de coisas são desastrosos: baixo rendimento dos alunos, uma fraca assimilação de conteúdos e habilidades cognitivas/operativas, dificuldades crescentes na leitura e na escrita.

Em face dessas vicissitudes e impasses, por que insistir na escola, no processo de escolarização convencional, na pedagogia escolar? Por que não investir em alternativas com o emprego dos meios de comunicação, na educação a distância, na informática? Se como pedagogos ainda nos empenhamos em nos dirigir à razão dos educandos, há outros meios mais eficazes do que a escola? Terão razão os pós-modernistas ao anunciar o malogro da Pedagogia, quando é precisamente a informatização que assume o lugar de destaque para caracterizar a sociedade pedagógica? Que sentido tem em se falar contra a Pedagogia, se exatamente o mundo contemporâneo pedagogiza a sociedade mediante uma diversidade de práticas educativas, como inculcação de valores e opiniões através dos meios de comunicação, da propaganda?

Poderíamos constatar, também, crises em outras instituições que têm atividades em boa parte marcadas pelo cunho pedagógico, tais como as eclesiásticas, as partidárias, as sindicais. No Brasil, a Igreja Católica reavalia as comunidades eclesiais de base, as mudanças em seus rituais, as relações entre o clero e os fiéis. Os partidos políticos enfrentam problemas semelhantes: dificuldades de arregimentar quadros mais jovens, de mobilizar a população mais pobre para manifestações políticas, de adequar seus discursos aos interesses e necessidades da população.

A Pedagogia no embate entre modernidade e pós-modernidade

O tema da modernidade/pós-modernidade tem merecido vários estudos de autores estrangeiros e nacionais, abordando-o sob vários enfoques: filosófico, econômico, sociológico. Estudos recentes têm discutido as ligações entre Pedagogia e modernidade, destacando o atrelamento do discurso pedagógico corrente à visão iluminista da educação, avaliando possibilidades de incorporação de temas da pós-modernidade e buscando práticas pedagógicas alternativas. Vou servir-me de alguns autores mais ou menos conhecidos para formar uma síntese sobre este tópico e referi-la à problemática da educação escolar, especialmente da escola fundamental e média.

O texto de Giroux (1993) é de grande interesse porque pontua explicitamente o tema da pós-modernidade com a Pedagogia e a escolarização. Para esse autor, a teoria e a prática educacionais vigentes estão estreitamente ligadas à linguagem e aos pressupostos do modernismo. A pós-modernidade, por sua vez, não representa uma separação ou uma ruptura drástica em relação à modernidade, mas sinaliza mudanças, dentro de uma continuidade, em direção a um conjunto de condições sociais e estaria reconstituindo o mapa social, cultural e geográfico do mundo e produzindo novos paradigmas de crítica cultural, às vezes distanciando-se de certos elementos definidores do modernismo. Nesse sentido, o autor adere a um conceito crítico de modernidade.

> O modernismo está longe de estar morto; suas categorias centrais estão simplesmente sendo escritas no interior de uma pluralidade de narrativas que estão tentando enfrentar o conjunto de configurações sociais, políticas, técnicas e científicas que constituem a era atual. (p. 47)

Constatando a inexistência de um significado consensual para o termo "pós-modernidade", Giroux apresenta as interpretações de dois autores: Lyotard e Jameson.

Para Lyotard, o pós-modernismo designa um movimento de rejeição das grandes narrativas, das teorias globalizantes, das filosofias metafísicas. As condições da produção do conhecimento e da tecnologia — por exemplo, a difusão do computador, o desenvolvimento da ciência e da tecnologia avançada, os textos eletrônicos — estão enfraquecendo antigos hábitos e práticas sociais da modernidade (narrativas totalizantes) em favor de novas formas de organização social, privilegiando o diverso, o local, o específico, o efêmero, o contingente, as decisões individuais sem os arrimos filosóficos tradicionais. Para Lyotard, vivemos num mundo sem estabilidade, em que o conhecimento está constantemente mudando, sem necessidade de uma visão teleológica da história, isto é, sem superteorias que definam a finalidade da história humana, a autonomia, o destino do homem etc.

Para Jameson, o pós-modernismo é visto como expressão da lógica cultural do capital, um estágio do chamado capitalismo tardio. O fenômeno da pós-modernidade representa uma mudança de era, novas formas de fragmentação, novas constelações de formas e emergência de novos desenvolvimentos tecnológicos e artísticos da sociedade capitalista. Em função disso, emerge a necessidade de novos mapas cognitivos (novos paradigmas) e de diferentes formas de representação que forneçam uma leitura sistemática dessa nova era.

De acordo com Jameson, numa formulação bastante aceitável, o pós-modernismo refere-se tanto a uma teoria social (de questionamento, de crítica cultural da visão de mundo do modernismo) quanto a um conjunto emergente de condições sociais, culturais e econômicas que caracterizam a era do capitalismo e do industrialismo global, tais como: mudança nas relações de produção, na natureza do Estado-Nação, novas tecnologias e seu impacto nas telecomunicações, na informática, nos processos de globalização e interdependência (Giroux, 1993: 46).

Juntando essas duas interpretações e aduzindo outras, Giroux agrupa características da condição pós-moderna, que sintetizarei à minha maneira:

1) Do ponto de vista filosófico, o pós-modernismo rejeita certas idéias mestras formuladas no âmbito do Iluminismo e da tradição filosófica ocidental: a existência de uma natureza humana essencial, a idéia de um destino humano global ou coletivo, a idéia de que os fatos, os acontecimentos, as opiniões, se

juntam numa totalidade, a idéia de que se pode ter uma teoria condutora da nossa ação pessoal e coletiva. Em troca dessas categorias universais, haveria ações específicas de sujeitos individuais ou de grupos particulares, existências particulares e locais, diferenças culturais, étnicas, raciais. Não se contaria mais com sistemas teóricos de referência, sejam eles lastreados na ciência, na ideologia ou na religião. Por isso são rejeitadas as teorias totalizantes do marxismo, do hegelianismo, do cristianismo e de outras baseadas em noções de causalidade, em soluções totais que tudo englobam a respeito do destino humano. Os "pós-modernos" também criticam uma elite intelectual que se julga vanguarda dos movimentos sociais, como se fossem donos do destino da sociedade. Em vez desse vanguardismo, argumentam em favor de uma pluralidade de vozes e narrativas, em torno de demandas de novos atores sociais, contemplando suas diferenças culturais, a partir de configurações particulares de espaço, lugar, tempo e poder (p. 52-3).

2) Do ponto de vista econômico, há uma desconcentração do capital, com a internacionalização dos mercados; ocorrem transformações técnico-científicas que afetam o processo produtivo e, em conseqüência, a organização do trabalho, o perfil da força de trabalho, levando à expansão da força de trabalho dedicada ao trabalho não-manual; há uma intelectualização do processo de produção à base de uso mais amplo do conhecimento, da informatização, dos sistemas de comunicação, demandando mão-de-obra mais qualificada.

3) Do ponto de vista político, reduz-se a crença moderna no Estado-Nação, à medida que as forças de produção que conduzem a economia global estão cada vez mais se dispersando por meio do multinacionalismo das empresas, inclusive fora do bloco das nações industrializadas ocidentais. Há, além disso, uma redução do poder de atração e convicção dos ideais da modernidade relacionados à vida pública, levando a uma atitude de desconfiança à prática política convencional ou mesmo a uma despolitização. Por outro lado, tendem a crescer movimentos particularistas, locais, setorizados, dando à política uma conotação diferenciada.

4) Do ponto de vista cultural, há mudanças nas formas de produção, circulação e consumo da cultura dentro de um remapeamento e uma contestação dos ideais modernistas da racionalidade, da totalidade, da verdade, do progresso, de uma razão universal sobre o lugar do indivíduo na história e na sociedade. Segundo a interpretação de Baudrillard, citado por Giroux, os signos substituem a lógica da produção e do conflito de classe. Há uma proliferação de significados, gerando uma sociedade em que imperam as simulações, num mundo de imagens e fantasias eletrônicas. É uma sociedade saturada de mensagens da mídia que não têm correspondência com conteúdos modernos tais como valores humanos, dignidade, luta política, ação do sujeito, ideologia etc. Não há nada que se assemelhe a uma apreensão da essência do real, a uma leitura em profundidade do real. Nada que requeira uma epistemologia que assegure a validade da verdade. Ao contrário, a realidade está na superfície, no espetáculo, nos simulacros, providos por novas fontes de tecnologia e informação.

Werner Market (1986) trata da ciência da educação entre a modernidade e o pós-modernismo. Segundo ele, o pós-modernismo põe em questão as orientações teóricas tradicionais da ciência da educação: iluminismo, autonomia, subjetividade, emancipação. O fundamento desses conceitos, isto é, a fé na racionalidade de uma sociedade universal, de um sujeito universal, estaria falido por não dar conta de realizá-los. A racionalidade teria subjugado a subjetividade em vez de levá-la à autorealização antes intencionada. O investimento na autonomia do sujeito estaria sendo contraposto às manifestações de poder no cotidiano das pessoas mediante a vigilância, a burocratização. Rompe-se, assim, o cerne normativo do iluminismo e, por isso, os pós-modernos podem proclamar a destruição de todas as referências. Se a Pedagogia é fruto da modernidade, contestar a modernidade é contestar a Pedagogia.

Market compartilha o projeto de modernidade de Habermas, articulado em torno do discurso sobre a determinação do conceito de sujeito. Para Habermas, não há ruptura com o espírito da modernidade, não se modificaram as formas de pensar o futuro nem desapareceram as energias utópicas. O que se esgotou foi uma determinada utopia, a sociedade do trabalho, que teria perdido importância em favor de se postular uma vida coletivamente melhor e comunicativamente mais rica. Trata-se, aqui, de superar o princípio do trabalho, indo na direção de um modelo de compreensão intersubjetiva, alterando algumas das bases teóricas da Pedagogia propostas no discurso da modernidade.

Market analisa, também, a tese pós-modernista de que o impacto dos avanços tecnológicos na educação estaria provocando uma crise no conceito de formação, afetando a autocompreensão do sujeito. A criança vive inserida num mundo técnico-informacional, alimentando-se de imagens e textos e, com isso, pouco se importa em ser um "eu completo" com todo o saber necessário. A criança de hoje, digamos, a criança pós-moderna, é um "jogador lingüístico". Ante uma multiplicação de linguagens e de possibilidades de opções, o uso da linguagem transforma-se em jogo. À medida que o jogador descobre uma contradição em seu programa, inventa logo um novo jogo de linguagem. Estaria, pois, inadequada a idéia iluminista de educacão integral, assim como a figura social do indivíduo de formação universal. Ou seja, o que caracterizaria a autoconsciência do homem pós-moderno seria essa capacidade de operar com o pensamento divergente de modo teórico e sem restrições. Esse seria, então, o ideal formativo da era das novas tecnologias e o adeus às superteorias. Entramos na era do utopismo tecnopedagógico (Market, op. cit., p. 313).

De acordo com Market, Lyotard não acompanha esse tipo de utopismo, propondo que os "jogos lingüísticos" sejam entendidos dentro das "contradições" que ainda existem no âmbito da linguagem do trabalho pós-moderno. Market cita Lyotard:

> Linguagem torna-se hoje [...] pela primeira vez, objeto de investimentos capitalistas, um produto (resultado de processadores de texto, da informática, de ligação por cabos, de novas tecnologias de comunicação) e, com isso, também uma mercadoria. Até o presente, a linguagem permanecera fora da cir-

> culação de mercadorias, como "linguagem natural" do quotidiano e como linguagem da formação, aprendida nas instituições de ensino e de cultura. Esta linguagem serviu à profissionalização do saber, bem como à formação do poder político. A mercantilização da linguagem altera fundamentalmente esta situação. A "crise formativa", em todos os níveis e em todos os países "industrializados", por exemplo, a desprofissionalização do ensino e as evidentes modificações das linguagens naturais, são sintomas desta alteração (p. 313-4).

Dentro da discussão que se faz entre nós sobre a desvalorização profissional do pedagogo e do professor, a argumentação de Lyotard parece bastante pertinente e indica um ponto de partida para o debate em torno da profissionalização e das tarefas profissionais do educador escolar.

Sérgio P. Rouanet, no artigo "Do pós-moderno ao neomoderno" (1986), fala de uma síndrome de "pós" na nossa época: pós-história, pós-estruturalismo, pós-industrial. Segundo ele, o uso do termo "pós-moderno" foi usado já no final do século passado. Deixando à parte o modismo típico de muitos intelectuais brasileiros, o termo expressa, segundo Rouanet, uma consciência de ruptura com a modernidade e tudo o que ela representa. São rechaçados os ideais mais caros do período compreendido pelos tempos modernos. As idéias de progresso e de emancipação da humanidade pela ciência ou pela revolução social seriam anacrônicas. A razão, instrumento de esclarecimento para vencer a ignorância e o obscurantismo, é hoje denunciada como agente de dominação. A economia e a sociedade dispensam os modelos clássicos de gestão e de organização do trabalho para substituí-los por novos padrões baseados na informática e nas novas tecnologias.

Rouanet, entretanto, pergunta: a modernidade de fato envelheceu? Existe uma ruptura real que separa a modernidade e a pós-modernidade? Sua resposta é negativa. Não há ruptura social porque continuamos vivendo num sistema capitalista, mesmo considerando as mudanças que vêm ocorrendo dentro desse sistema como, por exemplo, uma sociedade industrial transitando para a pós-industrial. Não há, também, ruptura cultural porque continuamos em plena modernidade, por mais que haja evidentes indícios de uma consciência de ruptura no campo ético e estético. Conclui que a pós-modernidade não é uma ruptura, mas uma simples variedade da modernidade. Entretanto, indica que há uma consciência de ruptura e aí, sim, o termo "pós" tem o sentido de exorcizar o velho — a modernidade — e articular o novo — o pós-moderno. Há, por exemplo, uma consciência das tensões da atualidade (terrorismo, erosão de valores culturais locais, degradação dos ecossistemas etc.), tidos como males da modernidade, os quais é preciso rejeitar em nome de um novo paradigma.

Se não há uma ruptura real entre o moderno e o pós-moderno, qual é o fenômeno do qual está se tomando consciência? Rouanet concorda com Habermas: não se trata de uma modernidade extinta, mas de uma modernidade incompleta. Muitas promessas do Iluminismo foram, efetivamente, cumpridas: o desenvolvimento das forças produtivas, os progressos científicos, os avanços na saúde e na medicina, a potencialização dos meios de difusão de cultura e informação, a informática. Entretanto, a modernidade está em débito com suas promessas mais fundamentais: os avanços científicos e tecnológicos não se fizeram acompanhar de maior autonomia do indivíduo. O progresso material, orgulho da modernidade, atingiu setores muito restritos. A dominação socioeconômica continua viva, sobretudo na nossa sociedade, em que os contrastes de classe cada vez mais se acentuam ao invés de diminuir.

O saldo desse diagnóstico é o de que não podemos abandonar a modernidade exatamente em nome da humanidade. Foi a modernidade que criou os padrões normativos que nos permite comparar o existente com o desejável e cobrar dela própria o cumprimento das promessas. Nesse sentido, Rouanet concorda com Habermas considerando que o "projeto da modernidade" não foi concluído, e que é preciso levá-lo adiante pela valorização da razão crítica. Esta seria a condição para se obter a emancipação do homem da ideologia e da dominação política, econômica e técnica. Rouanet propõe não falar em pós-modernismo, mas em modernismo crítico ou atitude neomoderna.

O programa neomoderno de Rouanet quer retomar o sentido autêntico da modernidade, contestar a modernidade atual com base nas suas intenções iniciais, opor-se às fantasias pós-modernas com um programa inflexivelmente moderno, no sentido de concretizar aquelas esperanças anunciadas no projeto de modernidade. Entre outras indicações, propõe que o neomoderno resgate o sentido da autonomia humana, oponha-se a uma hostilização da ciência contra os irracionalismos, mas exija que a política científica seja submetida ao controle da sociedade. A consciência neomoderna assume uma posição racionalista. Rouanet é incisivo:

> A razão é sempre crítica, pois seu meio vital é o da negação de toda a facticidade; e o irracionalismo é sempre conformista, pois seu modo de funcionar exclui o trabalho do conceito, sem o qual não há como dissolver o existente. [...] [Mas] a razão pode estar a serviço da mentira e, nesse caso, seu nome é racionalização; ou a serviço do poder e, nesse caso, seu nome é ideologia. E nos dois casos o racionalismo neomoderno pressupõe o desmascaramento da razão pervertida. [...] O homem não é somente um ser pensante, e a consciência neomoderna sabe que o homem integral é uma unidade de razão e sensibilidade, mas se quiser conhecer, não tem outro instrumento que a razão (p. 96).

Autores brasileiros têm refletido de forma mais pontual sobre a questão da educação ante o embate modernidade/pós-modernidade. Paulo Ghiraldelli Jr. vem insistindo em seus últimos trabalhos na necessidade de o discurso pedagógico enfrentar os temas atuais da problemática social e filosófica contemporâneas para além do seu atrelamento a paradigmas teóricos da modernidade (1994, 1995). Em outro desses estudos (1994) discute a noção de modernidade a partir das teorias clássicas de Durkheim, Marx e Weber e das posições de alguns teóricos da Escola de Frankfurt. Segundo ele, Durkheim destaca na análise da modernidade uma preocupação com a formação moral que, viabilizada pela educação, teria papel essencial no desenvolvimento da coesão social, uma das garantias da harmonia social. Marx, ao mesmo tempo que fustiga a modernidade por vir associada à história da burguesia exploradora do trabalho humano, a caracteriza como época de conflito entre o desenvolvimento das forças produtivas, incluindo aí as ciências e as relações de produção. Marx valoriza as ciências como também postula uma ordem ética e moral baseada na liberdade social e individual. Weber destaca na modernidade o advento da racionalidade na indústria capitalista que, em associação com a ciência e a técnica, penetra o interior do Estado e o campo cultural. Os frankfurtianos propõem-se a ultrapassar as noções clássicas da modernidade, e alguns deles recorrem a Descartes para explicar a elaboração moderna de noções como a racionalização da conduta humana e da sociedade, o predomínio da ciência e da razão instrumental.

Ghiraldelli vê o professor de hoje ainda herdeiro da tradição iluminista, inculcado com a idéia do homem dominador da natureza, inclusive de sua própria, por meio do saber; do homem que é moderno por dominar suas paixões e sua imaginação a favor da ciência. É dessas crenças que surgiriam teorizações sobre normas de conduta, elaborações normativas de cunho pedagógico e político, "menos para regrar o homem para a conduta feliz em sociedade e mais regrar o homem para continuar a operar, a ser eficaz e eficiente na sociedade moderna". O professor, assim, assumiria as tarefas de descortinar, desnudar, desideologizar, desinfantilizar, desencantar, experimentar, classificar, logicizar, racionalizar... Ou seja, dotado dessa racionalidade instrumental, o professor seria alguém incapaz de romper com a barbárie da modernidade capitalista.

Tomás T. da Silva (1993) discute o impacto na educação das idéias pós-modernistas e pós-estruturalistas, à medida que contestam fundamentos epistemológicos, filosóficos, sociais do modernismo e introduzem outros referenciais analíticos. Dentro do enfoque de uma Sociologia Educacional Crítica, diagnostica bem as preocupações de uma teoria crítica da educação em não separar seus componentes analíticos e críticos das dimensões normativas e práticas de intervenção na realidade educacional, em função de um projeto crítico em educação ou, mesmo, de viabilização pedagógica de propostas educacionais de inspiração pós-moderna.

Entre os questionamentos pós-modernos à teoria crítica da educação, o autor destaca, em primeiro lugar, a rejeição das grandes narrativas e das explicações totalizantes da realidade, sejam elas liberais ou progressistas. Segundo ele, se por um lado esse questionamento nos leva a atentar para as narrativas parciais e locais, por outro podem nos desprover de instrumentos analíticos para a compreensão coerente e global da dinâmica social, a explicação de relações entre localismos e parcialidades e as implicações disso com a manutenção de estruturas de desigualdade e injustiça cujas raízes encontram-se justamente na dinâmica social global. Aponta, ainda, a crítica pós-moderna aos cânones positivistas, aos discursos denunciadores das estruturas sociais reais e à noção moderna de sujeito, consciência e subjetividade, destacando os riscos destes questionamentos em relação às possibilidades de uma teoria crítica da educação.

Recentemente, Silva (1994) publicou um texto com o expressivo título: "O adeus às metanarrativas educacionais", no qual se posiciona em torno do que se poderia denominar de uma teoria crítica pós-moderna da educação, a partir da qual fustiga as crenças mais caras aos pedagogos, inclusive os críticos. Destacando as características mais marcantes do pós-modernismo e pós-estruturalismo — rejeição das metanarrativas, descentração do sujeito e sua consciência do centro do mundo social, desconfiança da noção de razão universal, análise e crítica das estruturas de poder, rejeição dos dualismos e oposições binárias tipo opressor/oprimido, teoria/prática etc., crítica à idéia de que a razão possa constituir-se em fonte de autonomia e emancipação, entre outras —, tenta fornecer ao educador pistas para seu posicionamento em face dessas características. Resumidamente, essas pistas seriam as seguintes:

1) Onde a teoria crítica convencional enxerga possibilidades de uma crítica ideológica dos saberes na direção de um

conhecimento não mistificado, propõe que "todo saber/conhecimento torna-se igualmente suspeito de vínculo com o poder", poder esse não referido a uma única fonte ou centro, mas que se encontra onipresente nas múltiplas instâncias da vida social. "O saber do intelectual não paira acima e fora das lutas e relações de poder: é parte integrante, essencial, delas." O intelectual, assim, tem seu papel reavaliado, isto é, bem mais modesto, menos universal, menos "superior".

2) Partindo da perspectiva desconstrucionista, sugere aos educadores que "desmontem" as oposições binárias bastante típicas do campo da educação, tais como: libertação/opressão, teoria/prática, sujeito/objeto etc., em que sempre um desses elementos pretende superar o outro. O autor, apoiando-se em Derrida, aponta que nessas oposições um termo não apresenta a superação do outro, assim como não existe nelas uma essência que lhes seja subjacente, de modo que se creia que uma seria mais positiva que a outra. Ele critica também a ânsia dos educadores em buscar o significado último das coisas que serviriam de fundamento e referência para todos os demais. Por exemplo, o que seria verdadeiramente a educação? Qual o significado último de uma pedagogia progressista? Para o autor, o ato de reconhecer como ilusória essa busca de significados levaria a uma teoria e a uma prática mais modestas e mais realistas por parte dos educadores. E conclui: "o abandono dos significados transcendentais — como o das metanarrativas — não deve deixar saudades".

Zaia Brandão (1994), fazendo uma análise mais vinculada ao discurso pedagógico, menciona a precariedade da discussão epistemológica nesse campo. Para ela, "tudo indica que ainda caminhamos defasadamente em relação aos debates que nortearam as rupturas epistemológicas caracterizadas como crise de paradigmas". A Pedagogia nem sequer fez o caminho já trilhado em outras áreas de caminhar da crise dos paradigmas para a crise da própria validade da noção de paradigma, "no sentido de uma generalizada desconfiança sobre o valor do próprio conhecimento sistematizado". Propõe, assim, o desafio para a Educação de trabalhar na ótica multidisciplinar, encontrando um patamar comum de discussão epistemológica, para garantir a incorporação do estatuto científico dado pela "condição pós-moderna" de crise da racionalidade científica, expressa na crise de paradigmas.

Pós-modernismo e Pedagogia: riscos e contribuições

O quadro traçado das características da teoria pós-moderna e da condição pós-moderna é, com certeza, imperfeito e incompleto, mas oferece indicações sobre os riscos e as possibilidades de contribuição para uma Pedagogia Crítico-Social interessada em abrir-se para as realidades contemporâneas.

Pode-se constatar, claramente, que o ideário pedagógico atual, na versão tradicional, renovada ou crítica, é legítimo herdeiro da modernidade, especialmente na sua crença no poder da educação como meio de desenvolvimento da razão para inserção do indivíduo na vida social. Numeroso contingente de educadores, de forma elaborada ou não, assenta sua prática pedagógica-docente nestes ideais: poder da razão no processo formativo, domínio humano sobre a natureza, desenvolvimento contínuo da história pela ação humana, progresso da ciência, capacidade do homem de gerir seu próprio destino, de ter autodomínio, de pensar criticamente, de comprometer-se com o destino da história conforme suas crenças. Giddens (1991: 52) fala de um deslocamento das tentativas de fundamentar a epistemologia, da desconfiança da idéia de progresso planejado humanamente, do surgimento de preocupações ecológicas e novos movimentos sociais. São precisamente esses os pontos colocados em questão pela crítica pós-moderna. Nesse sentido, a crítica dos princípios do modernismo equivale a colocar em questão as próprias bases da nossa história cultural, da Pedagogia e da escolarização formal. Não é que o pensamento pós-moderno seja totalmente original na crítica à modernidade e, mesmo, à Pedagogia. Os educadores críticos há muito contestam aspectos centrais do modernismo, especialmente nas suas manifestações na economia e sociedade da formação social capitalista. Muitos de nós, já na década de 1960, criticávamos a famosa civilização ocidental e cristã, com suas promessas mal ou não cumpridas. Entretanto, o pensamento pós-moderno aponta questões cruciais a partir de óticas diferentes daquelas com as quais nos acostumamos, inspiradas no marxismo, por exemplo. Os autores mencionados no tópico anterior já destacaram tanto os riscos quanto as contribuições do pensamento pós-moderno em relação a temas como: as grandes narrativas, as fronteiras entre universalismo e localismo, novos olhares para as diferenças racial, étnica e de gênero, os valores éticos universais e as diferenças culturais, o transpassamento entre arte e vida, cultura erudita e cultura popular, imagem e realidade.

Giroux (1993: 43) sugere que a crítica pós-moderna precisa ser examinada pelos educadores, em favor de uma Pedagogia Crítica afinada com as realidades contemporâneas e, especificamente, com o projeto do que ele denomina de "democracia radical". Diz mesmo que a Pedagogia Crítica não pode ser uma escolha entre o modernismo e o pós-modernismo. Além de o modernismo poder ser entendido como uma diferente modulação dos temas e categorias da modernidade, um pode compensar as piores dimensões do outro. Nesse sentido, "os ideais do projeto da modernidade que vinculam memória, agência e razão com a construção de uma esfera pública democrática precisam ser defendidos como parte de um discurso educacional crítico no interior das condições de existência do mundo pós-moderno e não em oposição a ele.

Também Rouanet não vê uma ruptura real nos âmbitos social e cultural, mas aceita que há uma consciência de ruptura em que se constata a inconclusão do projeto da modernidade e a necessidade de articulação com ingredientes neomodernos da sociedade contemporânea. Tal consciência requer a valorização da razão crítica, o resgate do sentido da autonomia humana, a afirmação da ciência não absolutizada conectada ao contexto social e cultural.

Peter McLaren (1993) indica quatro contribuições do pensamento pós-moderno para uma Pedagogia Crítica: a) uma reavaliação dos paradigmas teóricos de referência que até hoje têm norteado a produção do conhecimento, especialmente o legado da tradição iluminista; b) uma sistematização, uma ordenação, das explicações de fenômenos novos que surgem na sociedade: o espetáculo, o efêmero, o modismo, a cultura do consumo, a emergência de novos sujeitos sociais etc.; c) um mapeamento das transformações que vão ocorrendo no mundo contemporâneo (e que caracterizam a chamada "condição pós-moderna") para aguçar a consciência dos que se propõem a manter-se dentro de um posicionamento crítico.

Para uma avaliação crítica do impacto do pós-modernismo na Pedagogia, convém considerar, primeiro, que a teoria pós-moderna tem ingredientes tentadores para transformar-se, para os educadores, em mais um modismo, em face do momento teoricamente instável em que vivemos, dos questionamentos às posições de esquerda, das transformações em escala mundial que estão ocorrendo, das mudanças na vida cotidiana impregnada da "condição pós-moderna", do frágil repertório teórico e da baixa capacidade crítica do professorado. Ante o discurso dos arautos do pós-modernismo na educação — de hostilização da racionalidade e apelo ao sentimento e ao prazer, minimização do papel da ciência e do conhecimento sistematizado, denúncia das relações de poder opressivas, desconfiança da política, ênfase na razão prática etc. —, numeroso segmento do professorado poderá sentir-se adepto do "pós-modernismo" como forma de reação às suas condições precárias de trabalho e remuneração, e à desvalorização da sua profissão. Precisamente para conter esse risco é que os "teóricos" e administradores da educação precisariam ter cautela ao analisar práticas educativas a partir da teoria pós-moderna e da condição pós-moderna.

É impossível, ainda, obter um mapeamento completo das dificuldades e dos benefícios das postulações do pós-modernismo referentes à Pedagogia. Por isso, faremos considerações pontuais sobre alguns aspectos relevantes.

O tema-chave é, sem dúvida, a rejeição das metanarrativas ou narrativas mestras. Os autores mencionados são unânimes em admitir a rejeição das superteorias e das visões totalizantes que advogam certezas absolutizadas; alguns, no entanto, recusam um relativismo ético que elimine marcos de referência teórica e moral. Giroux (1993), por exemplo, aceita a crítica pós-moderna às teorias totalizantes que não se ajustam à pluralidade de contextos, mas propõe uma noção de totalidade (não como categoria ontológica) que privilegie *formas de análise* dessas inter-relações, interdependência e mediações entre os sistemas políticos e sociais. Ou seja, é preciso que o educador preste mais atenção às narrativas construídas pelos grupos particulares, sua experiência social e moral e visão de mundo, mas tenha referenciais para compreender as inter-relações e mediações do contexto global das práticas sociais, políticas e culturais.

No âmbito da atividade pedagógica, marcos teóricos e morais são cruciais, mesmo admitindo-se não haver mais lugar para certezas absolutas. Manacorda (1986), referindo-se à Didática, escreve que "não existe talvez atividade prática que envolva tão profundamente o destino do homem e da sociedade como esta", ou seja, o pedagogo põe-se cotidianamente opções sobre que ser humano pretende formar, qual concepção de mundo adotar, qual é o futuro da sociedade. Não é tão simples o que diz o adepto do pós-modernismo: "abandonemos nossos ideais, nossas crenças, nossos marcos de referência porque todos eles falharam". A Pedagogia, como a Política e a Ética, são ciências práticas cujas tarefas e responsabilidades sociais são distintas, por exemplo, da Sociologia e da Psicologia. O pedagogo, o professor, realizam uma prática humana baseada em relações de influência em que é impossível excluir o caráter de intencionalidade, isto é, uma intervenção em direção a finalidades formativas implicando um comprometimento moral com a prática educativa. Enquanto a humanidade necessitar de educação, necessitará também de alguma certeza sobre as melhores condições de sua existência material e espiritual e sobre o destino humano. Isto significa que o pedagogo não pode renunciar à busca e construção de uma racionalidade, por mais que devam ser recusados os dogmas e as verdades estabelecidas. Além disso, como prática social, a educação responde a exigências externas (sociais, econômicas, culturais) que vão além das necessidades e expectativas individuais ou, mesmo, de grupos particulares.

Peter McLaren (1993: 26) escreve que o pós-modernismo conduz a um relativismo ético, embora admita que o conhecimento e as práticas morais têm certo grau de relativismo, são contextuais e contingentes. Entretanto, quem postula uma educação para a autonomia intelectual e política não pode assumir uma atitude amoral, que equivaleria a um relativismo geral. Há princípios norteadores que os educadores não podem abrir mão, como a oposição, por exemplo, à opressão humana, à dominação, à injustiça social. Citando outro autor, McLaren acata a idéia de que uma pessoa não pode postular a liberdade de "ser mulher", de "ser homossexual", independentemente do direito universal abstrato de todos os sujeitos humanos de serem livres. "Uma política da diferença ou da especificidade deve estar, antes de tudo, a serviço da causa da similaridade e da identidade universal", mas, por outro lado, "a única razão de desfrutar essa igualdade abstrata universal é descobrir e viver nossa diferença particular". O problema da burguesia foi ficar na afirmação iluminista da verdade universal, sem querer entender que esse princípio somente ganha coerência se se referir a indivíduos concretos, a particularidades concretas. Foi exatamente isso que setores do Iluminismo houveram por bem omitir. E, de fato, diz McLaren, a ideologia burguesa nunca foi capaz de conciliar o particular e o universal, o local e o global, a diferença e a identidade. Preferiu um discurso de sujeitos universais abstratamente igualados. A Pedagogia Crítica quer efetivar a relação entre uma política do universal (e aí é, ainda, iluminista) e a política da diferença, da particularidade, relação aliás que impregna o cotidiano das escolas e da sala de aula.

Algumas críticas à Pedagogia acabam, também, atingindo a escola, seja pelo seu suposto anacronismo, seja pela suposta inevitabilidade de sua substituição pelos meios da informática e da mídia. Todavia, é incômodo a um pedagogo verificar a falta de conhecimento e de senso de realismo dos críticos pós-modernos no que diz respeito à escola e aos seus processos peculiares, o ensino e a aprendizagem. Suas posições soam muito distanciadas do mundo real da sala de aula, dos alunos. Por exemplo, é corriqueiro constatar-se que a sociedade brasileira convive com o pré-moderno, o moderno e o pós-moderno, entre o global e o local. Se por um lado temos um processo de globalização homogeneizador, por outro são evidentes os desníveis na estrutura social, as diferenças de acesso a bens materiais e culturais, a complexidade da vida cotidiana que atinge especialmente os mais pobres, a diversidade de destinos sociais dos indivíduos. Tais ingredientes deixam expostos condicionantes reais da existência social das pessoas. Isso tudo pede por políticas sociais eficazes, especialmente por educação básica para todos, por uma cultura "comum" como lastro para outras possibilidades de inserção na vida social, além da necessidade imperativa de proporcionar às crianças e jovens meios cognitivos e operacionais que tanto atendam a necessidades pessoais como a demandas sociais. Os mensageiros do pós-modernismo estigmatizam a escola e o trabalho pedagógico que lhe é peculiar, depois que eles próprios adquiriram nela o patamar de base para poderem ser "críticos" dela.

Algo semelhante ocorre com os que anunciam a crise do conceito de formação, isto é, a postulação pedagógica que advoga a formação global, onilateral dos indivíduos mediante domínio de conhecimentos, habilidades e atitudes, em decorrência do fato de a criança viver num mundo técnico-informacional que a alimenta de imagens e textos, tornando inútil qualquer noção de formação integral. Poder-se-ia argumentar com perguntas óbvias: quantas são essas crianças que "se educam" pela informática? Como generalizar análises a partir de situações de grupos particulares? A questão, todavia, está em que a formação geral é indispensável para desenvolver nos jovens capacidades cognitivas e com isso aprenderem a expressar-se, a compreender diferentes contextos da realidade, relativizar certezas, a pensar estrategicamente. Aspectos em que a lógica do mundo técnico-informacional pode ajudar, mas sem subsumir nela todo o processo formativo que implica o crescimento do ser humano, domínio gradativo de conhecimentos, técnicas, habilidades, o desenvolvimento da capacidade de apropriar-se da realidade.

Não há uma crise de formação; há um contexto concreto de transformações sociais, econômicas, políticas que tendem a privar a humanidade e, portanto, os processos formativos, de perspectivas de existência individual e social.

A formação global do ser humano, portanto, continua sendo condição de humanização e tarefa da Pedagogia, em que se inclui certamente o desenvolvimento da razão. Uma racionalidade que resgata a subjetividade, a autonomia da consciência humana, assentada no desenvolvimento das capacidades cognitivas e afetivas de problematização e apreensão da realidade. Nesse sentido, é preciso cautela quando se afirma a prevalência de relações simétricas de poder na relação professor-aluno, condenando-se toda prática que implique *intervenção.* Na relação docente há uma partilha desigual de poder entre professor e alunos porque, efetivamente, o educador intervém no processo formativo, uma vez que seu papel é suscitar mudanças nos alunos a partir de uma intencionalidade educativa. Ou seja, o professor, como parceiro mais experiente na relação pedagógica, pode ajudar o aluno na apropriação racional da realidade, sem que isso seja tomado como inculcação ou expediente da racionalidade instrumental.

Outra tensão que permeia o discurso pós-modernista e o discurso pedagógico diz respeito à recusa dos ideais universais de igualdade, justiça, solidariedade, resultando no desencanto com a política. Diz-se que o colapso das utopias indica o fracasso das visões totalizantes de história e de sociedade. A sustentação desse discurso, todavia, tem levado à desmobilização da capacidade de resistência política às formas de exploração social vigentes e ao próprio acobertamento das relações de dominação, resultando no enfraquecimento dos movimentos sociais tradicionais, na apatia popular, na desconfiança no sistema político representativo. Ora, conforme diz Rouanet, não há ruptura social, o sistema capitalista continua mantendo desigualdades de classes e grupos sociais que se acentuam cada vez mais. O desenvolvimento científico e tecnológico e tudo o mais que se conhece como "pós-industrialismo" (flexibilização, terceirização, qualidade total, automação) beneficiam as minorias e excluem a maioria, agravando o problema da pobreza. A educação, inserida na dinâmica das relações entre classes e grupos sociais, nunca escapa do jogo de interesses aí existente, dependendo, portanto, de opções ético-políticas do educador. O trabalho pedagógico não pode eximir-se de uma determinação de sentido da práxis educativa, já que intervém no destino humano, na formação e no ser humano dos educandos.

Contra a desconfiança na política reafirma-se, pois, a relevância de uma Pedagogia Crítica, partindo da valorização da razão crítica visando à autonomia intelectual e política. É verdade que os educadores precisam descobrir outras formas de desenvolvimento da consciência social e política, atentarem mais para as condições das práticas de vida e de trabalho das pessoas, captar as visões de mundo dos diferentes grupos sociais e seu "mundo vivido". Giroux propõe que, ante a desconfiança posta pela noção modernista de vida pública e a recusa da luta por igualdade e liberdade, os professores precisam reafirmar os elementos estratégicos que contribuem para uma política de democracia radical (uma vida pública democrática) e investigar como isso se liga ao específico da Pedagogia, de modo que a escola possa ser o espaço de luta pela justiça social e pela liberdade humana. Por outro lado, se para isso requer-se a busca de uma racionalidade comunicativa, conforme propõe Habermas, em que valores universais são aceitos e negociados pelo conjunto da sociedade, há que se levar em conta o alerta de P. McLaren (1993: 31) de que, numa sociedade ainda marcada por interesses sociais antagônicos, "a busca do consenso torna-se um conduto para o sonho da dominação". Ou seja, o liberalismo se aproveita da ênfase no pluralismo e no consenso para fazer a cobertura ideológica dos privilégios existentes nas relações de classe e raça. O agir comunicativo, além disso, implica condições materiais e sociais (emprego, saúde, educação básica, habitação etc.) sem o que é ilusória qualquer aspiração de diálogo social. E aí está uma razão a mais para sustentar uma Pedagogia Crítica: formar cidadãos capazes de intervir nos processos políticos para a conquista de estruturas socioeconômicas asseguradoras das condições de democracia, igualdade e justiça.

Essas considerações levam a reafirmar o lugar da Pedagogia entre as atividades humanas centrais, contra o ceticismo e o relativismo que se quer impor aos educadores. Para tarefas e objetivos tão explícitos quanto desafiadores, a ciência pedagógica não se exime de admitir sua fragilidade teórica e o despreparo de seus agentes. Mas não pode submeter-se passivamente nem ao descaso dos governos e das elites econômicas à causa da educação pública, nem às investidas da elite intelectual que insiste em desmoralizar a própria atividade pedagógica, seus profissionais e seu *status* científico, seja por veleidades acadêmicas, seja por espírito corporativo de proteção de campos de pesquisa e trabalho em detrimento de outros. Em suma, a "crise" da Pedagogia não pode ser explicada exclusivamente por razões epistemológicas, mudança de paradigmas, de colapso das utopias ou, mesmo, do conceito de paradigma. Antes, é preciso atentar para a inexistência de políticas educacionais sólidas, de um posicionamento da nação ante a escola básica, da "economização" da sociedade com a política neoliberal, da desqualificação da escola pública, do desprestígio social da profissão de professor, da disputa de espaços profissionais e investigativos no âmbito das ciências humanas e sociais.

O mundo contemporâneo não apenas se apresenta como sociedade pedagógica como pede ações pedagógicas mais definidas, implicando uma atuação que os profissionais da Pedagogia não estão capacitados a dar. Por outro lado, a modernidade iluminista talvez tenha pedido muito à escola, mas depois lavou as mãos quando as elites sociais e econômicas abandonaram o ideário da educação pública e perderam o interesse pela sua operacionalização, obrigando os intelectuais a desmistificarem o universo do educativo nas condições sociais do capitalismo. Por isso os pedagogos não podem mais permanecer na ingenuidade e no romantismo. Se não podem eximir-se da natureza prática da ação educativa, portanto, de compromissos morais, sua inserção na condição pós-moderna os obriga a uma abertura científica e tecnológica, desenvolvendo na prática investigativa um sentido de pluralidade, "abarcando a diversidade das abordagens metodológicas e integrando toda a complexidade do pensamento científico" (Nóvoa, 1996: 29). A afirmação do pluralismo, pelo qual as ciências da educação são chamadas a ampliar o conhecimento da prática educativa e a visualizá-la como objeto de estudo, não leva a Pedagogia a abandonar sua especificidade teórica. Justamente para continuar buscando sua identidade como campo relativamente autônomo de conhecimento, ela precisa incorporar os desenvolvimentos científicos e tecnológicos, as mudanças no mundo do trabalho, as novas práticas e movimentos sociais, os fenômenos interculturais e transnacionais, as demandas sociais pela paz, solidariedade e preservação ambiental em função de mais humanização, devendo alimentar-se do diálogo e da troca com outras disciplinas e outras realidades.

Em síntese, a racionalidade moderna produziu valores positivos, mas produziu, também, injustiças, desigualdades, ilusões, exclusão social. A pós-modernidade pode ajudar-nos a cobrar o que a modernidade prometeu e não cumpriu. A Pedagogia Crítica pode continuar garantindo a aposta na formação e no desenvolvimento intelectual e afetivo da juventude mediante o acesso ao conhecimento científico e tecnológico, o investimento nas condições de liberdade subjetiva e autonomia dos educandos e a formação para a cidadania crítica e participativa. Portanto, não um adeus às metanarrativas e ao papel do educador como parceiro mais experiente e maduro para ajudar os alunos a desenvolverem capacidades cognitivas e operacionais, mas um adeus aos ceticismos, relativismos, ironias e omissões em nome do que for.

A escola diante das realidades contemporâneas

Os educadores de esquerda encontram-se hoje bastante divididos ante os dilemas postos pela realidade mundial e nacional, de modo que não é nada simples dizer o que caracterizaria hoje uma Pedagogia escolar crítico-social. Há autores cujas posições se contrapõem ao moderno ou à modernidade, aderindo inteiramente ao pensamento pós-moderno. Outros preferem recusar o próprio embate, passando ao largo das transformações no mundo da cultura, da economia, do trabalho. Há, também, os que querem ver o moderno e o pós-moderno como coexistentes, admitindo uma contribuição do pensamento pós-moderno para a reavaliação da Pedagogia Crítica, no sentido de renovar sua capacidade explicativa e normativa.

As considerações feitas nos tópicos anteriores suscitam questões cruciais para a educação escolar. Como encarar a questão da escolarização básica? Como ficam as tarefas da Pedagogia escolar? Que objetivos postular para a escola pública hoje? Vejamos, sucintamente, o quadro institucional em que se inscreve a escola pública hoje:

• As transformações sociais, políticas, econômicas e culturais do mundo contemporâneo afetam os sistemas educacionais e os de ensino. A globalização dos mercados, revolução na informática e nas comunicações, transformação dos meios de produção e dos processos de trabalho e a alteração no campo dos valores e atitudes são alguns ingredientes da contemporaneidade que obrigam as nações a constituir um sistema mundializado de economia. A educação, mormente a escolar, precisa reciclar-se para assumir seu papel nesse contexto como agente de mudanças, geradora de conhecimento, formadora de sujeitos capacitados a intervir e atuar na sociedade de forma crítica e criativa.

• O sistema público de ensino — federal, estadual ou municipal — mostra um total descaso às questões da escola básica, com raríssimas exceções. Paro (1986) apresenta uma argumentação bastante oportuna para explicar a desqualificação da educação básica no Brasil. Ele escreve, em resumo, o seguinte: os setores dominantes da sociedade não se interessam por um bom produto da escola, ou seja, não têm interesse por um produto de qualidade. Para um produto ruim, não há necessidade de insumos de qualidade, tal como condições físicas e materiais, material didático, capacitação de professores. Há, assim, uma degradação das atividades profissionais do educador escolar, com a conseqüente desqualificação de seu trabalho e o aviltamento de seus salários. Escreve Paro:

> [...] na medida em que não interessava à classe detentora do poder político e econômico [...] mais do que um ensino de baixíssima qualidade, o Estado [...] passou a dar cada vez menor importância à educação pública, endereçando para aí recursos progressivamente mais insuficientes e descurando cada vez mais das condições em que se realizava o ensino de massa. Tudo isso gerou a multiplicação de classes superlotadas, recursos didáticos precários e insuficientes, precaríssima qualificação profissional e baixíssima remuneração do professor e do pessoal da escola em geral (1986: 131).

A análise de Paro é correta. O descaso dos governos tem como conseqüência a baixa qualidade de ensino, na qual se opera um círculo vicioso em que a degradação do produto é, ao mesmo tempo, o ponto de partida e o resultado da desqualificação do educador escolar. Ou seja, a desqualificação da educação básica provoca a desvalorização econômica e social da profissão e, por sua vez, a desvalorização da prática docente. Conseqüentemente, provoca também o desprestígio acadêmico da área.

A retórica do governo diz que a educação ocupa um lugar central nas pautas governamentais, tendo em vista uma reestruturação competitiva da economia com eqüidade social. Entretanto, a universalização da escola pública e gratuita com qualidade tem sido sonegada à maioria da população. As políticas setoriais da educação e os planos elaborados até hoje não só não conseguiram firmar a prioridade efetiva do setor educacional no conjunto das políticas públicas, como também não foram suficientes para modificar a face do sistema de ensino. Persistem os clássicos problemas: falta de planos e medidas efetivas, descontinuidade administrativa, desigualdade entre as regiões, estados, grupos etários e classes sociais, indefinição das responsabilidades dos governos federal, estadual e municipal, além dos crônicos índices de evasão e repetência, analfabetismo, insucesso da escolarização de crianças de oito anos, desqualificação profissional dos professores, níveis salariais baixíssimos e, fundamentalmente, o alarmante fracasso dos esforços em favor da melhoria da qualidade do ensino.

• Os planejadores da educação brasileira atual, impregnados pelas propostas neoliberais para a educação, podem estar se iludindo com seu utopismo tecnopedagógico. De certa forma alinhados com a crítica pós-moderna, tenderiam a considerar a Pedagogia corrente demasiadamente dedicada a objetivos humanistas mais do que a ações concretas, isto é, a tarefas mais imediatas de desenvolvimento de um sistema educacional moderno. Resultaria daí a idéia de que o professor não precisa ser envolvido com teorias, com reflexão sobre sua prática, uma vez que seu trabalho requer sobretudo desempenho técnico, ou seja, ser capaz de dominar modos de fazer, técnicas didáticas, procedimentos; não precisa de teoria, precisa de oficinas. Essa posição, no entanto, embora parta de um diagnóstico correto sobre o despreparo do professorado ante as exigências do mundo contemporâneo, é equivocada quanto às soluções. Lamentavelmente, nossos professores nem sequer dispõem dos requisitos de formação geral, habilidades de raciocínio flexível, visão estratégica etc., competências necessárias para dominar procedimentos tecnológicos. A atividade pedagógico-docente é um tipo de trabalho em que coexistem práticas marcadas pela precariedade profissional, pela improvisação. Pelas suas condições de trabalho e salariais, o profissional do magistério é um profissional "separado" que vive várias vidas. Ele compartilha do mundo cultural e científico, mas as condições salariais e de trabalho não possibilitam que participe do mundo da produção cultural e artística, do mundo das teorias e dos discursos, a não ser o que captam passivamente dos "treinamentos" ou dos meios de comunicação em que se submete ao rolo compressor da televisão. É um difusor de cultura e, ao mesmo tempo, um consumidor acrítico da informação eletrônica que pode levá-lo a uma indiferença ante as mudanças emergentes na sociedade contemporânea e que afetam seu cotidiano, o cotidiano de seus alunos, as relações de poder na família, na escola, no trabalho. Se quisermos enfrentar as exigências do pós-industrialismo aliadas à formação do cidadão-crítico — formação geral e técnica ampla, pensamento abstrato e abrangente, flexibilidade intelectual, capacidade de responder criativamente a situações novas etc. —, é preciso que os professores sejam preparados nos mesmos requisitos propostos aos alunos.

• A situação dos profissionais do ensino fundamental e médio é dramática. Por um lado, a desprofissionalização de atividades de ensino é um fato, por conta de vários fatores, entre eles, a perda do prestígio econômico e social da atividade docente, a degradação salarial generalizada em todos os Estados do país, o desaparecimento gradativo das linguagens convencionais de transmissão do saber. Por outro lado, aumenta o contingente de jovens e crianças que tem na escola a única via de acesso ao saber e à informação, por meio de professores — unicamente os que podem prover a mediação entre o indivíduo e a cultura organizada. A presidente da Fundação MacArthur declarou à revista *Veja* (10 maio 1995): "Ainda não se inventou fórmula melhor de ensinar alguém a escrever do que ter um ser humano para fazê-lo".

Se não se levar em conta esta dissociação entre desprofissionalização do ensino e expansão da demanda escolar, se não se atentar para esta dissociação, corremos o risco (que já se divisa no horizonte) de nossas crianças saírem da escola completamente ignorantes, porque não se cuidou suficientemente da profissionalização dos professores (formação, salário digno, carreira).

• As escolas não têm conseguido estabelecer um padrão de qualidade e uma relação eficaz entre a qualidade da oferta dos seus serviços e a qualidade de seu produto. Enfrentam sérios problemas de gestão e de competência dos gestores em assegurar êxito no processo pedagógico. Os professores não conseguem superar formas de ensino baseadas em exposições verbais e prescrições em boa parte desprovidas de qualquer sentido. Podem assumir esta ou aquela tendência pedagógica, podem intitular-se professores críticos, construtivistas, interdisciplinares, mas no dia-a-dia tendem a ser maus veiculadores do que se espera que inculquem, resultando em muitas formas de resistência por parte dos alunos. Talvez seja em parte por isso que a Pedagogia escolar não tem conseguido escapar da crítica de estar acentuando a seletividade social, mesmo sabendo-se que as desigualdades sociais não são originadas na escola. De fato, são as camadas sociais mais pobres as mais prejudicadas, porque a escola e os professores ou ignoram as diferenças sociais e culturais ou são incompetentes para lidar com elas. Além disso, as aprendizagens escolares sofrem grande concorrência de outros meios de comunicação e outros ambientes mais atrativos. Embora ainda seja a escola o lugar mais adequado para a conquista da cultura, da ciência e do desenvolvimento das capacidades intelectuais, suas condições de funcionamento são bastante modestas para disputar espaço com a televisão, a informática e outras linguagens.

O enfrentamento dessas questões envolve o concurso dos governos, dos pesquisadores e planejadores, dos educadores e professores, a fim de que a escola possa dar respostas concretas às exigências de modernização e democratização da sociedade. Penso que os objetivos educacionais precisam ser atualizados em face de um mundo em transformação e dos requisitos de humanização para este momento histórico. Há quase trinta anos o pedagogo socialista polonês Suchodolski (1977: 9 e 20) escrevia:

> Ao considerar a Pedagogia uma ciência sobre a atividade transformadora da realidade educativa, temos a possibilidade de uma nova determinação dos objetivos da educação e de suas categorias fundamentais. [...] Numa época tão mutável e nova como a nossa, os objetivos da educação devem decifrar-se nas perspectivas do futuro para o qual temos de preparar os indivíduos.

As análises apresentadas nesta exposição apontam efetivamente para uma condição pós-moderna à qual não podemos virar as costas. Apontam, também, para a inevitabilidade de compreender o país no contexto da globalização e, ao mesmo tempo, para a necessidade de serem adotadas estratégias de superação das desigualdades sociais, entre elas o fortalecimento dos espaços de participação da sociedade e as condições básicas de saúde, emprego, educação básica. Proponho, a seguir, a discussão de um conjunto de objetivos para uma educação básica de qualidade:

1) Preparação para o mundo do trabalho. A escola precisa atender às demandas econômicas e de emprego, ou seja, prepa-

rar para o trabalho e para formas alternativas de trabalho, visando à flexibilização que caracteriza o processo produtivo contemporâneo e adaptação dos trabalhadores às complexas condições de exercício profissional no mercado de trabalho. Trata-se de uma escola unitária, centrada na formação geral — isto é, naquelas competências básicas que caracterizam a escolarização —, e na preparação tecnológica — isto é, no desenvolvimento de capacidades de tomar decisões, fazer análises globalizantes, interpretar informações de toda natureza, pensar estrategicamente e desenvolver flexibilidade intelectual.

2) Formação para a cidadania crítica, isto é, um cidadão-trabalhador capaz de interferir criticamente na realidade para transformá-la e não apenas formar para integrar o mercado de trabalho. A escola deve continuar investindo na ajuda aos alunos a se tornarem críticos, a se engajarem na luta pela justiça social a entender o papel que devem desempenhar, como cidadãos críticos, na mudança da realidade em que vivem e no processo de desenvolvimento nacional, e que a escola os capacite a desempenhar esse papel. Cidadania hoje significa "dirigir ou controlar aqueles que dirigem" (na expressão de M. Manacorda); para isso o aluno precisa ter as condições básicas para situar-se competente e criticamente no sistema produtivo.

3) A preparação para a participação social. Um dos pontos fortes da pós-modernidade é a emergência de movimentos localizados, baseados em interesses comunitários mais restritos, no bairro, na região, nos pequenos grupos, organizados em associações civis, entidades não-governamentais etc. A preparação para a participação social é uma exigência educativa para viabilizar o controle público não-estatal sobre o Estado, mediante o fortalecimento da esfera pública não-estatal. Tem-se constatado que muitos dos movimentos sociais atuais tendem a dispensar a intermediação político-partidária para a conquista de seus objetivos, seja por inoperância desse canal, seja pela hostilidade com que setores da opinião pública encaram os políticos profissionais. É preciso aliar a atuação dos movimentos localizados não-governamentais com as formas convencionais de representação política. Daí a necessidade de a escola preocu-

par-se com o desenvolvimento de competências sociais, como relações grupais e intergrupais, processos democráticos e eficazes de tomada de decisões, capacidades sociocomunicativas, de iniciativa, liderança, solução de problemas etc.

4) A formação ética. A formação ética é um dos pontos fortes da escola do presente e do futuro. Trata-se de formar valores e atitudes ante o mundo da política e da economia, do consumismo, do sexo, da droga, da predação ambiental, da violência, e diante, também, das formas de exploração que se mantêm no capitalismo contemporâneo. Segundo Habermas (cf. Freitag, 1985; Aragão, 1992), é possível reabilitar a sociedade no âmbito da esfera pública, onde as pessoas possam participar das decisões, não por imposição mas por uma disposição de dialogar e de buscar consenso, à base da racionalidade das ações expressa em normas jurídicas compartilhadas. A emancipação objetiva de todas as formas de dominação torna-se possível se os indivíduos desenvolverem capacidades de aprendizagem baseadas numa prática comunicativa. A escola pode ajudar no desenvolvimento de competências comunicativas que possibilitarão um diálogo e um consenso baseados na razão crítica. Para que os indivíduos possam compartilhar de uma situação comunicativa ideal, recomenda: investimento na capacidade do indivíduo em pensar-se em relação aos outros, de estabelecer relações entre objetos, pessoas, idéias; desenvolvimento da autonomia, isto é, indivíduos capazes de reconhecer nas regras e normas sociais o resultado do acordo mútuo, do respeito ao outro e da reciprocidade; formação de indivíduos capazes de serem interlocutores competentes: de expressar suas idéias, desejos e vontades, de forma cognitiva e verbal, incluindo a perspectiva do outro (nível de informações, intenções) e a capacidade de dialogar.

Alguns pontos de uma agenda de transformação da escola

Seria demasiado simplista colocar a educação escolar como alavanca das transformações sociais. As tarefas de construção da democracia implicam outras e diversas instâncias. Todavia, se um dos requisitos dessa construção é o fortalecimento da sociedade civil, importa o investimento na formação de cidadãos críticos, profissionalmente competentes. A inserção do país no contexto da mundialização, a adequação da escola ao processo de transformações científicas e tecnológicas e a reorientação ético-valorativa da sociedade impõem imensas tarefas ao ensino. Para tanto, é preciso enfrentar as questões mais elementares do sistema de ensino que estão por resolver, entre elas, as condições físicas e materiais das escolas, salários dos professores, formação profissional e gestão da escola, além dos problemas estruturais mais cruciais como a pobreza, o desemprego e a miséria.

Maior qualidade do ensino requer investimento prioritário na profissionalização dos professores, implicando formação pré-serviço, e formação continuada no trabalho, salários dignos e plano de carreira. A desqualificação profissional do magistério é uma dura realidade que joga por terra qualquer esforço de inovação organizacional, didática e curricular. A revisão dos salários precisa ser acompanhada de programas de aperfeiçoamento profissional, conjugando o reforço nos conteúdos com o desenvolvimento de capacidade de reflexão sobre a prática na prática e novas metodologias de avaliação. Os sistemas de ensino (Secretarias da Educação), as Faculdades de Educação e os cursos de Licenciatura precisam articular-se mais eficazmente para melhorar a qualificação profissional dos professores, inclusive para exigir maior compromisso pedagógico dos docentes universitários formadores de professores.

É preciso melhorar as *práticas de gestão da escola.* A gestão do sistema de ensino e da escola envolve duas instâncias: uma de formulação de políticas, diretrizes e planos; outra, de viabilização operacional dessas políticas no sistema de ensino e nas escolas. Sabemos que os processos de gestão carregam, historicamente, um caráter centralizador, autoritário e pragmático. A crítica generalizada encetada por intelectuais e pelas organizações sindicais acabou por mobilizar o próprio segmento da esfera burocrática dos sistemas de ensino. Se por um lado foi benéfica a crítica ao autoritarismo e centralização, por outro, instalou-se uma crise de ineficiência. A crítica antiautoritária assustou os dirigentes, de tal forma que em muitos casos perdeu-se o senso da autoridade, o senso da competência e da responsabilidade. Perdeu-se o equilíbrio entre o lado político e o lado técnico. Temos diretores de escola que não sabem administrar, supervisores de ensino que não conseguem orientar competentemente as escolas e os professores. Dirigentes dos sistemas estaduais e municipais perderam o hábito do planejamento, dos planos e diretrizes e dos mecanismos de acompanhamento e avaliação. Em muitos lugares, a adoção da tese da descentralização serviu mais para deixar as escolas ao abandono.

Trata-se, pois, de investir em processos democráticos de gestão que sejam também eficazes, em duas frentes: a) nos órgãos centrais e intermediários do sistema de ensino, para formular políticas e diretrizes claras de ação quanto ao funcionamento da estrutura física e dos recursos materiais da escola, aos conteúdos, à sistemática de acompanhamento do currículo, à assistência pedagógico-didática ao professor; coleta e tratamento de informações para assegurar uma eficaz supervisão e avaliação, com a participação do pessoal das escolas; b) na gestão interna das escolas, em que se destaca o papel da direção e da coordenação pedagógica. Apesar da notória precariedade da formação inicial do professorado, vem sendo abandonada em muitas Secretarias de Educação a exigência de as escolas contarem com diretores e coordenadores pedagógicos com formação específica. Algumas Faculdades de Educação suprimiram de seu currículo as habilitações em Administração Escolar, Supervisão e Orientação Educacional. Os argumentos de justificação dessas medidas são os mais diversos, mas há um bastante utilizado: qualquer professor pode ser diretor de escola ou coordenador pedagógico. Isso não é verdade. A qualidade de ensino requer a garantia de uma unidade organizacional, pedagógica, curricular e metodológica, o apoio ao trabalho do professor na sala de aula, tarefas que pertencem ao administrador escolar e aos coordenadores pedagógicos com sólida formação pedagógica específica.

Entre os aspectos pedagógico-didáticos internos à escola, gostaria de ressaltar dois pontos: a relevância dos conteúdos e das inovações pedagógicas.

Não pode haver dúvidas: não há preparação para a modernidade, para os tempos pós-modernos, sem um investimento maciço no domínio sólido e duradouro dos conteúdos. Não conteúdos como mera transmissão de conhecimentos ou inculcação de informações, mas envolvendo ensino e aprendizagem de conceitos, de habilidades, de procedimentos (modos de ação), atitudes e convicções. Não faz mesmo sentido a transmissão verbal de conhecimentos cristalizados, compartimentalizados, fora de toda e qualquer referência ao mundo real e desvinculados de modos de ação como são as habilidades, os procedimentos, atitudes e convicções. Evidentemente não há como materializar esse papel da educação formal se os professores não dominarem os conteúdos de sua matéria, dentro desse entendimento ampliado.

Além disso, as novas realidades do mundo contemporâneo estão exigindo inovações didático-pedagógicas que propiciem melhor cumprimento dos objetivos da escola por meio do ensino e aprendizagem. Os requerimentos contemporâneos postos pelas epistemologias alternativas e pela reavaliação dos paradigmas põem em questão as formas de desenvolvimento da razão. Nesse sentido, as inovações pedagógicas dependem de uma articulação entre a exigência dos conteúdos disciplinares e a dimensão gnoseológica, vale dizer, entre o ensino sistematizado e o processo de construção do conhecimento com as implicações do mundo vivido do aprendiz. É preciso evitar a tentação dos professores de imaginar um "ensino fácil", por meio dessas idéias banalizadas de ensino pelo concreto, ensino a partir da experiência da criança, uso de sucata etc., tomados como grandes inovações. Tornar o professor co-construtor de seu processo de trabalho implica que ele avalie judiciosamente sua prática a partir da reflexão em cima de seu trabalho, com base em teoria.

Conclusão

O sentido final deste texto foi o de argumentar que o discurso e a prática de uma Pedagogia Crítico-Social continuam compatíveis com a crença no poder da razão, na conquista da autonomia e da liberdade intelectual e política, a partir das dimensões ético-política e sociocognitiva. A escola é o lugar de receber a infância, ajudá-la a crescer e tornar-se adulta, suscitando o desenvolvimento do sujeito capaz de um pensamento autônomo e criativo, à busca da razão crítico-emancipatória. A modernidade mantém-se como valor e como marca da época contemporânea, enriquecida com as críticas pós-modernas e intimamente próxima das novas tecnologias e das transformações que vêm ocorrendo na política, na economia e na cultura.

É certo que o Brasil se acha em descompasso em relação às sociedades econômica e culturalmente mais desenvolvidas. Mas, paradoxalmente, convive e está exposto às características da modernidade e da condição pós-moderna. É claro que estamos distantes do otimismo ingênuo de muitos ideais do modernismo, sabemos muito bem das promessas não cumpridas ou, como diz Rouanet, promessas truncadas, parciais ou traídas. Hoje, o capitalismo, com a globalização dos mercados, continua portador de problemas sociais ampliados. A inserção do Brasil na economia mundial fez aumentar a fome, a miséria e o desemprego. As disparidades sociais se acentuam cada vez mais. Mas a democracia econômica e política não se constrói sem o enfrentamento de desafios da justiça social, entre eles a oferta de educação pública de qualidade. O país não pode crescer, não pode propiciar condições de exercício de cidadania, de formar a sociedade civil, de equipar a população de instrumentos de participação social e política sem que se efetive a escolarização básica e se qualifique a escola para isso. O sistema de ensino brasileiro não pode continuar a consolidar e acentuar a desigualdade social. O ideal de um ensino de qualidade para todos não caducou, ele não pode ter caducado, porque a sociedade brasileira não cumpriu, ainda, as promessas inscritas na modernidade de autonomia e dignidade humana para todos. Os governos e os parlamentares precisam parar de fazer discursos retóricos em cima da valorização do magistério, enquanto não for efetivada uma política de remuneração justa dos professores, em âmbito nacional. A prioridade para a educação e a exigência de maior profissionalismo dos professores têm, neste momento histórico, o nome de "profissionalização", isto é, salários dignos, formação profissional de qualidade e planos de carreira, sem o que é inútil falar em modernidade ou pós-modernidade.

Referências bibliográficas

ARAGÃO, Lúcia M. de C. *Razão comunicativa e teoria social crítica em Jürgen Habermas*. Rio de Janeiro, Tempo Brasileiro, 1992.

BEILLEROT, Jacky. *A sociedade pedagógica*. Porto, Rés Editora, 1985.

BRANDÃO, Zaia (org.). *A crise dos paradigmas e a educação* (Posfácio). São Paulo, Cortez, 1994.

COMÊNIO, João A. *Didacta Magna*. Lisboa, Fundação Calouste Gulbenkian, 1957.

DEWEY, John. *Democracia e educação*. São Paulo, Nacional, 1979.

FÁVERO, Osmar; HORTA, José S. B. & FRIGOTTO, Gaudêncio. Políticas educacionais no Brasil: desafios e propostas. *Cadernos de Pesquisa*, São Paulo, (83): 5-14, nov. 1992.

FREITAG, Barbara. *Piaget*: encontros e desencontros. Rio de Janeiro, Tempo Brasileiro, 1985.

GHIRALDELLI JR., Paulo. *Educação e razão histórica*. São Paulo, Cortez, 1994.

______. Arrancar o véu. *Seminário Nacional Licenciaturas*. Curitiba, SESu/MEC/UFPR/Prograd, 1994.

______. A "escola do futuro" na época da pós-infância. *Seminário Nacional "Infância, escola e modernidade"*. Universidade Federal do Paraná, 1995.

GIDDENS, Anthony. *As conseqüências da modernidade*. São Paulo, Unesp, 1991.

GIROUX, Henry A. O pós-modernismo e o discurso da crítica educacional. In: SILVA, Tomaz T. da (org.). *Teoria educacional crítica em tempos pós-modernos*. Porto Alegre, Artes Médicas, 1993.

HABERMAS, Jürgen. A nova intransparência. A crise do Estado de Bem-estar social e o esgotamento das energias utópicas. *Novos Estudos CEBRAP*, 18:103-115, 1987.

HERBART, Johan F. *Pedagogía general derivada del fin de la educación*. Madrid, Ediciones de La Lectura, s.d.

LIBÂNEO, José C. *Democratização da escola pública. A pedagogia crítico-social dos conteúdos*. São Paulo, Loyola, 1985.

______. *Fundamentos teóricos e práticos do trabalho docente. Estudo introdutório sobre Pedagogia e Didática*. Tese de doutorado. São Paulo, PUC, 1990.

______. Os significados da educação, modalidades de prática educativa e a organização do sistema educacional. *Revista Inter-Ação*, Goiânia, 16 (1-2): 69-90, jan.-dez. 1992.

LUZURIAGA, Lorenzo. *História da educação e da pedagogia*. São Paulo, Nacional, 1971.

MANACORDA, Mario. Prefácio. In: MARAGLIANO, Roberto et al. *Teoria da didática*. São Paulo, Cortez/Autores Associados, 1986.

MARKET, Werner. Ciência da educação entre modernidade e pós-modernismo. *Revista Brasileira de Estudos Pedagógicos*. Brasília, 67 (156): 306-19, maio/ago. 1986.

______. Trabalho, interação e sujeito: contribuição para uma teoria crítica de formação do homem na modernidade. *Educação e Sociedade*, Campinas, n. 44, 1993.

McLAREN, Peter. Pós-modernismo, pós-colonialismo e Pedagogia. In: SILVA, Tomaz T. da (org.). *Teoria educacional crítica em tempos pós-modernos*. Porto Alegre, Artes Médicas, 1993.

MELLO, Guiomar N. de. Políticas públicas de educação. *Estudos Avançados* (USP), 5 (13), 1991.

MIALARET, Gaston. *Pédagogie générale*. Paris, Presses Universitaires de France, 1991.

MIZUKAMI, Maria G. *Ensino: abordagens do processo*. São Paulo, EPU, 1987.

NÓVOA, Antonio. As ciências da educação e os processos de mudança. In: PIMENTA, Selma G. (org.). *Pedagogia: ciência da educação?* São Paulo, Cortez, 1996.

PAIVA, Vanilda P. Johann Amos Comenius (1592: 1670): primórdios da pedagogia política e da democratização do ensino. *Revista da Faculdade de Educação UFF*, Niterói, n. 10 (1 e 2), jan./jun.-jul/dez. 1983.

______. O novo paradigma de desenvolvimento: educação, cidadania e trabalho. *Educação e Sociedade*, Campinas, n. 45, ago. 1993.

PARO, Vitor H. *Administração escolar*: uma introdução crítica. São Paulo, Cortez, 1986.

ROSATI, Lanfranco. *Il tempo delle sife:* educare nel postmoderno. Brescia, Editrice La Scuola, 1993.

ROUANET, Sérgio P. Do pós-moderno ao neomoderno. *Tempo Brasileiro*, Rio de Janeiro, (84): 86-97, jan.-mar. 1986.

______. *As razões do Iluminismo*. São Paulo, Companhia das Letras, 1987.

SAVIANI, Dermeval. Tendências e correntes da educação brasileira. In: MENDES, Durmeval (coord.). *Filosofia da educação brasileira*. Rio de Janeiro, Civilização Brasileira, 1983.

SCHIMIED-KOWARZIK, W. *Pedagogia dialética*. São Paulo, Brasiliense, 1983.

SILVA, Tadeu, T. O adeus às metanarrativas educacionais. In: *Endipe VII*, Goiânia, UFG-UCE, 1994.

______. Sociologia da Educação e Pedagogia Crítica em tempos pós-modernos. In: ______ (org.). *Teoria educacional crítica em tempos pós-modernos*. Porto Alegre, Artes Médicas, 1993.

SUCHODOLSKI, Bogdan. *La educación humana del hombre*. Barcelona, Laia, 1977.

GRÁFICA PAYM